Till Burgwächter

Die Wahrheit über
Wacken

Reiffer

Till Burgwächter

Die Wahrheit über Wacken

Till Burgwächter
Die Wahrheit über Wacken

Umschlaggestaltung und Illustration: Patrick Schmitz
Autorenfoto auf der Rückseite und auf Seite 157 von Hamstå
Lektorat: Lektorat-Lupenrein.de

ISBN 978-3-934896-35-2

Verlag Andreas Reiffer, Hauptstr. 16 b, D-38527 Meine
www.verlag-reiffer.de, info@verlag-reiffer.de

Fürs Schnegggchen. Die (fast) nichts mehr liebt als wassergespülte Toiletten.

Inhalt

Liebe Gemeinde,

es ist an der Zeit, ein Festival zu feiern, wie es so gebaut in Deutschland nirgendwo ein zweites gibt. Hier ist es zu Haus. Auf dem norddeutschen Dorf, das als erstes nur nach dem Reinheitsgebot des Heavy Metal lärmte und noch bis heute lärmt. Wacken.

Das Wacken Open Air (kurz: W:O:A) ist zweifellos der FC Bayern München unter den Festivals. Der Ostklub Hansa Forcestock setzt mit voller Kraft auf stilistisch-taktischen Mischmasch und hatte lange Zeit mit seiner zum Teil zweifelhaften Anhängerschaft zu kämpfen. Der VfB Stutthead hält mit schwäbischer Betonköpfigkeit an seiner Anderthalb-Bühnen-Taktik fest, was vielleicht noch für den UI-Cup reicht, zu mehr aber auch nicht. Tja, und was kann man noch über die Borussia aus Dorthard sagen, die ihre Heimspiele ausgerechnet in Gelsenkirchen austrägt? Ein harter Gang, aber wer rocken will, muss Gitarre spielen lernen. Und dem Götze vielleicht endlich mal ein paar Aufputschmittel verabreichen. Ganz anders dagegen unsere Bayern von der Waterkant. Jahr für Jahr gewinnen sie die Meisterschaft im Running-Order-Umstellen, halten auch im internationalen Wettbewerb die deutschen Farben hoch und schicken mehr Talente um 12 Uhr auf die Bretter als alle anderen Vereine zusammen. Was haben wir Holger »Uli Hoeneß« Hübner, Thomas »Karl-Heinz Rummenigge« Jensen und die mittlerweile in den Hintergrund getretene Sheree »Frau Beckenbauer« Hesse nicht alles zu verdanken? Matsch im Überfluss, Hörstürze von nie gekannter Intensität und jedes Jahr die gleichen Bands auf zehn verschiedenen Bühnen. Das alles findet sich wieder in diesem Buch. Dazu liefert dieses Kleinod der Druckkunst noch wichtige Erkenntnisse zum Themenkomplex Dixis, Bier und Urin. Es untersucht die Herkunft solch mysteriöser Sagengestalten wie Onkel Tom und Helga, blickt nostalgisch verklärt ins Jahr 1997 zurück, beleuchtet den Backstage-Bereich näher, komponiert gar sechs eigene Wacken-Hymnen und stellt ein für allemal fest: Das hier ist kein Kindergeburtstag!

Wie bei so vielen guten Dingen, die aus dem Süden kommen (Söder, Strauß-Sippe, Ex-Papst, schlabberige Weißwurst etc.), so kann sich kein Fan dem spröden Charme des Heavy Metal-Disneylands Wacken Open Air entziehen. Und sei es nur, um auf den Kommerz zu schimpfen und sich darin bestätigt zu sehen, dass früher alles besser war. Die Drohung, im nächsten Jahr definitiv nicht mehr dabei zu sein, ist inklusive. Die Bild-Zeitung kauft ja auch keiner, aber alle wissen, was drinsteht. So definiert man Marktführer. Und jetzt alle: Wa-cken-O-pen-Ähäair, forever number one …

Es grüßt
Till »Coach« Burgwächter

PS: Schlappe 13 Jahre nach der Erstveröffentlichung dieses Buches im Jahre 2005 hat sich auch auf dem Acker eine Menge getan. Na gut, ein bisschen was. Metalcore existiert immer noch, was nicht unkommentiert bleiben darf. Dafür bekommen Premiumkunden des W:O:A jetzt aber auch den »Full Metal Bag«, eine Art Notfallausrüstung für Menschen, die sich zuhause an der Tür auch jeden Scheiß andrehen lassen, und/oder einen goldenen Dixi-Schlüssel zum Privatverdauen. Unfassbar, was auch für die cineastische Verwertung des Festivals gilt. Warum das unfassbar ist? Einfach umblättern und loslesen. Rain or shine or heiter bis wolkig bei leichtem Nordwestwind!

Wacken von A bis Z

An-/Abreise, die

Eine Wissenschaft, wenn nicht sogar Religion für sich. Hardcore-Wackenianer reisen drei Wochen vor dem offiziellen Beginn an und beschweren sich vor Ort lauthals darüber, dass die Tore zum ▶ Campingareal noch nicht geöffnet sind. Eine unglaubliche Frechheit, wirklich! Ich persönlich kann das nachfühlen, denn ich laufe grundsätzlich Anfang September in die Braunschweiger Innenstadt und bin dann immer wieder enttäuscht, dass der Weihnachtsmarkt noch nicht aufgebaut ist. Nicht zu fassen, was da mit dem zahlenden Kunden veranstaltet wird. Doch zurück zum W:O:A, wo die nicht ganz so verrückten Fans mehr oder minder zeitnah zum eigentlichen Start aufschlagen. Heißt: Es kommen alle gleichzeitig an. Oder: Wir stehen zusammen im Stau. Um diesem Gemeinschaftserlebnis einen noch intensiveren Touch zu geben, hat sich die Marketingabteilung des Landes Schleswig-Holstein dazu entschlossen, alljährlich ein paar Fahrbahn verengende Maßnahmen zu ergreifen, die aus der eh nicht gerade komfortablen A23 (Tankstellen werden überbewertet) eine Standspur werden lassen. Der Hintergedanke: Wer länger steht, guckt länger raus, erkennt die Schönheit der Gegend und bucht seinen nächsten Urlaub vielleicht im nördlichsten aller Bundesländer. Apropos gucken, es muss im Jahr 2000 gewesen sein, als sich in einem der besagten Anreisestaus direkt neben uns ein Taxi einreihte. Auf der Rückbank zwei Metal-Kids von vielleicht 16 Jahren. In Wacken mit 'nem Taxi vorzufahren ist schon mal nicht schlecht, aber was uns wirklich Respekt abnötigte, war das Kennzeichen des Wagens. Das Gefährt kam aus Hannover, was hin und zurück mal eben 460 Kilometer macht. War Heavy Metal nicht mal die Musik der bettelarmen Unterschicht, oder hab ich ein Wirtschaftswunder verpasst? Wie auch immer, sind erst mal alle da, beginnen auch schon die Vorbereitungen für die Abreise. Zumindest bei den Samstagsfahrern, die in Sachen Ansehen gemeinsam mit den ▶ Heimschläfern ganz weit unten rangieren. Es ist einfach nicht cool, die letzte Partynacht zu schwänzen, auch wenn man so einigermaßen komfortabel nach Hause kommt. Denn die Samstagsfahrer sind gegenüber den Sonntagsfahrern klar in der Minderzahl, was sich wiederum positiv auf den Verkehrsfluss auswirkt. Natürlich nur, sofern unseren Freunden von der ▶Polizei daran gelegen ist. Zwar kann man Samstagnacht bis Stuttgart an jeder Tankstelle übernächtigte Festivalbesucher treffen, aber das ist nichts gegen die Massen, die sich am Sonntagmittag von Norden aus über die Republik ergießen. Dabei gilt die Faustregel: Umso heißer es ist, desto mehr Baustellen stehen im Weg. Nicht, dass dieser Umstand die ultraharten Sonntagsfahrer wirklich stören würde, ganz im Gegenteil: Kaum zuhause und den Grind noch nicht mal abgewaschen, stürzen diese Gestalten an ihre PCs, um mit ihrer Standzeit zu prahlen. »Wir haben elf Stunden bis Erfurt gebraucht.« »Ich hab allein vier Stunden gewartet, bis ich auf den Parkplatz Fuchsgrund zwischen Hannover und Bielefeld fahren konnte.« »Bei uns inner Karre war es so heiß, dass die Colaflaschen geplatzt sind. Da haben wir schnell noch die Fenster zugemacht, kommt besser, höhöhö.« Erinnert das noch irgendwen an Opas Geschichten aus der Wehrmachtszeit? »Wir hatten -36 Grad Celsius im Bunker, da mussten wir unsere gefallenen Kameraden essen!« und so fort. Vielleicht erbarmt sich ja demnächst Guido Knopp und dreht eine Doku über die Wacken-Heimkehrer. Ich hätte da auch schon einen Titel: »Die StauSteher – Sie wollten nur nach Hause«.

Aspirin, das

Gehört ebenso zur Grundausrüstung eines jeden Besuchers, wie »Immodium akut« oder ein anderes Präparat das den Arsch möglichst bis zum Sankt Nimmerleinstag von innen zubetoniert. (Grund: ▶Dixis) Doch wo der tablettenförmige Darmmaurer in der Regel ganze Arbeit leistet, wird von der

Kopfschmerztablette ein bisschen viel erwartet. Man muss nur mal versuchen, sich in so ein Schmerzmittelchen hineinzuversetzen. Da rutscht die Pille die Speiseröhre hinab, im festen Glauben, ein bisschen Zahnweh oder Rückenschmerz bekämpfen zu müssen. Und platsch! landet das Ding in 24 Hektolitern Alkohol, und der hat seine Sturmtruppen in Form von Katerattacken natürlich schon längst entsandt. Die Chance des Aspirins gegen diese Übermacht ist in etwa so groß, wie die eines siebenjährigen Mädchens, das über dem Dschungel von Borneo mit dem Fallschirm abspringt und, kaum gelandet, einer Division der französischen Fremdenlegion gegenübersteht. Nee Leute, für solche Himmelfahrtskommandos werden die Dinger bei Bayer und Co. nicht zusammengemixt ...

Autogrammstunden, die

Ziemlich weit links von der Doppel-Headliner-Stage stand einmal ein Viehanhänger. Genauer gesagt, der Viehanhänger, der anno 1992 die Headliner-Stage darstellte. Auf diesem fanden sich über viele Jahre illustre und noch mehr unillustre Musiker ein, um Plattencover, Zeitschriften, Titten und überhaupt alles zu unterzeichnen, was man ihnen hinstreckte oder vorlegte. Was heute unpersönlich in Zelten und an Ständen erledigt wird, hatte damals noch agrarpolitisches Flair. Wer da oben saß, war eigentlich voll lulle, denn die Fans standen für jede noch so unwichtige Combo geduldig an. Es hatte schon was von Massenhypnose, wenn Bands, die im täglichen Tour-Leben nicht mal nach der Uhrzeit gefragt werden, plötzlich einen Menschenauflauf produzieren, wie weiland eine Lieferung Ananas in der Zone. Besonders auflauffördernd sind, damals wie heute, weibliche Wesen, vorzugsweise die singenden. In diesem Fall rinnt unter der endlosen Schlange wartender Metaller ein kleines Sabberbächlein den Berg hinunter. Es ist zumindest zu hoffen, dass es Sabber ist. Alte Männer wie

Saxon freuen sich indes jedes Jahr wie kleine Kinder, wenn sie Möpse mit ihrem Otto vollkrakeln dürfen. Da ist es dann auch egal, wenn die Teile vor ihnen auf den Tisch klatschen wie zwei übergroße Schneebälle und die dazugehörige Tuse aussieht wie eine Moorleiche auf Sylturlaub. Engländer halt. *Slayer* hingegen freuen sich über gar nichts, denn die sind böse. 2003 versuchte man trotzdem, sie auf den Viehhänger zu bekommen, was mit einer rund einstündigen Verspätung auch gelang. Blöd nur, dass den störrischen Superstars nach rund 15 Minuten die Lust verging und sie sich wieder trollten. Zurück blieb ein Heer der Slaytanic Wehrmacht, das von seinen Führern einmal mehr im Stich gelassen wurde. Kennt man ja aus Stalingrad. Apropos Hingabe mit Haut und Haaren: Interessant ist, dass immer mehr Menschen ihren Körper als Bekritzelungsgrundlage auswählen, was nicht so richtig Sinn macht. Okay, ein paar Bekloppte lassen sich die Unterschrift nach dem Hafturlaub von ihrem Zellengenossen nachstechen, andere wiederum waschen die signierte Körperstelle gar nicht mehr, weshalb aus den eben angesprochenen Schneeballtitten irgendwann Matschklumpen werden. Ob das nun eine Verbesserung ist, mag jemand anderes entscheiden. Die meisten Fans jedoch duschen nach dem Wacken Open Air erst mal ausgiebig, weshalb die lang erstandene Unterschrift im Ausguss versickert. Dass echte Künstler wie *Slayer* da keinen Bock drauf haben, muss man auch wieder verstehen. Die haben ja schließlich noch was anderes zu tun (Ostfront sichern, Luftschlacht gewinnen, Germania planen, in Rente gehen etc.).

Backstage, wichtig

Hinterm Horizont geht's weiter ... Allerdings nicht für gewöhnliche Fans, da ist am Gitterzaun Schluss mit lustig. Mindestens jeweils zwei gesellschaftlich Benachteiligte (▶Security) an drei aufeinanderfolgenden Schleusen achten penibel darauf, dass sich kein Fußvolk in das Allerheiligste reinschummeln kann. Denn Backstage ist nur was für Macher. Zum Beispiel Musikmacher, Magazinmacher, Festivalmacher, Drogenmacher, Essensmacher (Grüße an den immer gut gelaunten Tim Mälzer, haha) oder Macher im Allgemeinen. Wer nichts macht, hat hier nix zu suchen. Für eben jene Nichtmacher gibt es an dieser Stelle eine exklusive Führung durch die Welt des schönen Scheins. Willkommen im Heiligtum Backstage: Wählt man (als Macher) den Eingang seitlich der Hauptbühnen und hat man die drei Schleusen endlich passiert, so steht rechts ein Technikcontainer. Angeblich werden da Filme geschnitten, aber wer die Macher etwas genauer kennt, weiß, dass sie hauptsächlich aufschneiden, um andere Macher zu beeindrucken. Nebenan steht das Pressezelt, das von Jahr zu Jahr plüschiger wird. Kuschelige Sofaecken laden zum Pausemachen ein, gediegenes Licht lässt die Lider schwer werden. Gegenüber dieser Ruhezone befinden sich Anschlüsse für Laptops, die bei voller Belegung den Eindruck vermitteln, man würde sich auf einer Vollversammlung der UN befinden. Wobei »Voll« vielleicht einen falschen Eindruck vermittelt, denn hier sitzen nur stocknüchterne Nachwuchsmacher oder notorisch ernsthafte Immermacher, um an Texten zu schreiben, Fotos durch die Welt zu jagen und Sätze wie den folgenden ins Handy zu flüstern: »Ja, die Sieben auf die Drei, zweispaltig, damit ich den Mainshot plus BU noch unterkriege.« In diesem Bereich bitte nur auf Zehenspitzen gehen, alles sehr wichtig. An das Pressezelt schließt sich der Gartenbereich an, mit Schwenkgrill, Stühlen, Bänken und Tischen. Früher gab es hier sogar mal einen Swimmingpool. »Einen was bitte?«, mag jetzt der eine oder andere Nichtmacher entsetzt ausrufen, während das Anarchiezeichen langsam von der Kutte bröckelt. Aber alles halb so wild. Der »Pool« hatte einen Durchmesser von einem Meter und sah aus wie ein Schweinetrog. Bei großer Hitze saßen auch hauptsächlich Schweine drin, voll bekleidet und besoffen wie die Matrosen des russischen Atom-U-Bootes Kursk. Deshalb wurde das Ding wahrscheinlich auch abgeschafft. Gegenüber befinden sich allerdings die wirklichen Luxuseinrichtungen, zumindest für Wacken-Verhältnisse. Ein kleiner Flecken grüner (!) Wiese, auf dem man sich mal lang ausstrecken kann, ohne kaputtgetrampelt zu werden. Wiederum gegenüber stand dereinst ein einsamer Bierstand, heute ist es ein Partyareal, das scherzhaft auch »Schickenstraße« genannt wird. An den Zapfhähnen wechselt die warme Plörre zügig den Besitzer. Gegen bare Münze, versteht sich. Wir sind in Wacken und nicht auf dem Weihnachtsbasar eines bayrischen Nonnenklosters. An den Bier- und Cocktailquellen versammeln sich vor allem die Chefs der Nachwuchsmacher aus dem Pressezelt oder Musikmacher oder solche, die sich für Musikmacher halten oder solche, die mit Musikmachern Geschlechtsverkehr haben. 90 Prozent der hier stehenden/sitzenden Vollprofis sehen in drei Tagen nicht eine Band, haben aber »Kontakte geknüpft«. Das ist der Macher-Code für: Ich war drei Tage lang voll und hab nur dummes Zeug gelabert. Des Weiteren fällt auf, dass diese Thekenkämpfer zu jedem einzelnen Bandauftritt des Festivals einen fundierten Kommentar abgeben können, und das auch ungefragt tun, obwohl sie – wie gesagt – nicht mehr als die Hackfresse ihres Gegenübers gesehen haben. Also merke: Wo Macher sind, sind auch seherische Fähigkeiten nicht weit. Würde Nostradamus noch leben ... Linker Hand steht noch ein Zelt, dessen Funktion sich aber noch niemandem erschlossen hat, weshalb wir, vorbei an einem niemals versiegenden Schlammloch, zum sogenannten VIP-Zeltplatz kommen, der mittlerweile noch ein ganzes Stück nach draußen verlagert wurde. Anders als auf dem ▶Campingareal des Pöbels gibt es hier durchgehend freie Zufahrtswege, eine im Ansatz hinnehmbare Duscheinrichtung und viele Macher, die noch nicht genug ▶Geld gemacht haben, um sich ein Hotelzimmer leisten zu können. Vor allem das ▶Kanonenfutter macht sich hier breit, außerdem Journalisten aus Schweden, Japan und Uganda. Von hier aus kann man zudem die eintreffenden ▶Nightliner beobachten, die die ▶Headliner, also die Super-Macher, aufs Gelände bringen. Sehr spannend! Alles in allem stinkt es nicht ganz so schlimm nach Pipi wie sonst überall, es ist etwas ruhiger (weil das Gesocks ja keinen Zutritt hat) und vor allem nicht so voll, was aber nur dann so bleiben kann, wenn sich nicht jeder in der Metal-Szene in einen Macher verwandelt. Also am besten einfach mal nichts machen.

Bändchen, bunte

Wer an einer Profilneurose leidet, geht zum Arzt und kriegt Tabletten. In Wacken hingegen werden derlei mentale Zipperlein von der Akkreditierungsstelle behandelt, vornehmlich mit Bändchen. Völlig wirkungslos sind dabei die Eintrittsbändchen, weil die jeder bekommt. Schon besser kommen die normalen VIP-Bändchen, mit denen der Kranke Zutritt zum ▶Backstage-Bereich erhält. Außerdem gibt es als Zugabe noch so einen »Waynes World-Ich bin wichtig«-Gedächtnisumhänger, der keinerlei Funktion erfüllt, bei manchen aber eine weitere Linderung bewirkt. Wenn's hilft, bitte. Noch viel besser sind aber die circa 44 Abstufungen des VIP-Bändchens. Tausche Technik und Catering, aber nicht Bühne gegen Bühne (seitlich links) und Umkleide, aber nicht Bühne (vorne). Um zu schnallen, wer sich da wann wo mit wem aufhalten darf, ist ein zweiwöchiger Grundkurs plus anschließende Dauerfortbildung nötig. Profilneurotiker im Endstadium hingegen halten sich mit solchen Kinkerlitzchen nicht mehr auf. »Access All Areas« oder gar nichts, der goldene Schuss für alle hauptberuflich Wichtigen. Mit diesem Bändchen wäre es dem Patienten theoretisch möglich, bei einem *Grave Digger*-Gig auf die Bühne zu hopsen und allen Bandmitgliedern live die Haare zu schneiden. Macht aber keiner, weil der schöne

Türöffner dann in die Mülltonne wandern würde. Stattdessen flanieren die Kranken über das Gelände wie schwule Zirkuspferde, den »Access All Areas«-Schriftzug immer gut sichtbar vorzeigend. Irgendwann beißt dann endlich ein 16-jähriges Mädchen an, das den Neurotiker unter Tränen darum bittet, sie mit Schorse Corpsegrinder (oder einem anderen Traumschwiegersohn) bekannt zu machen. »Erst wenn du da durch den Schlamm kriechst und mich Meister nennst.« Ja, genau so behandelt man psychisch Labile. Statt wegsperren einfach mal den Wahn ausleben lassen. Und wer weiß, vielleicht schafft es einer von denen irgendwann ja wirklich mal bis zur tausendjährigen Weltherrschaft!?

Bag, Full Metal

Guten Tag, ich bin ein 14-jähriger Kindersoldat aus Sibirien, der von der CIA gefoltert und anschließend nach Teneriffa verschleppt wurde, wo ich in einem faschistischem GULAG Salz abbauen musste. So oder ähnlich begrüßen uns oft Gestalten, die vor unserer heimatlichen Behausung auftauchen und Zeitschriftenabos oder mundgehäkelte Staubsaugerbeutel verkaufen möchten. Geistig einigermaßen gesunde Menschen schmeißen die Tür zu und schalten die Klingel ab. Thema erledigt. So leicht ist das in Wacken nicht, denn erstens gibt es da keine Tür, und zweitens heißt die Drückerkolonne hier ▶Veranstalter und übt das Haus- beziehungsweise Ackerrecht aus. So passierte es, dass sich 2006 in der Mehrzahl geistig einigermaßen gesunde Menschen ein »Full Metal Bag« andrehen ließen. Früher musste man nämlich Extra-Kohle fürs Parken abdrücken, seit besagtem Jahr gibt es das Bag. Da sind neben dem Parkticket noch lauter nützliche Dinge drin. Aufkleber, Adressen für Gratis-Downloads, ein Fressbudengutschein über 50 Cent und drei Werbebroschüren der örtlichen Sparkasse. Das nenne ich mal ein gelungenes Recycling-Programm. Warum wegschmeißen, wenn man es den Besuchern aufs Auge drücken kann? Und wir wären nicht in Norddeutschlands schönstem Dorf, wenn uns das nicht als Serviceleistung verkauft werden würde. Außerdem ... Oh, Moment. Eben hat es an der Tür geklingelt ...

Bier, mehr

Das Hauptnahrungsmittel eines jeden Besuchers. Heißt übersetzt, Verteidiger der Straight-Edge-Lehre haben in Wacken die gleiche Überlebenschance wie Micky Maus in einem Schlangenterrarium. Während der weibliche Fan gerne mal ein Bierchen genießt, geht es dem männlichen Pendant eher um die mengenmäßige Vernichtung. Härter, schneller, lauter, und selbst im Vollsuff immer ein Auge darauf, dass die eigene Trinkleistung auch ja von den Kumpels registriert wird. Denn was helfen die schönsten Rekorde, wenn sie hinterher keiner bezeugen kann? Männliche Wacken-Besucher sind der einzige bekannte Fall, in dem Lebewesen die Evolution umdrehen und sich freiwillig Richtung Neandertal zurückentwickeln. Black Metal-Darwinismus, wenn man so will. Deshalb stört es auch kaum jemanden, dass die an den Bierständen angebotene Plörre gerade zu den Hauptstoßzeiten (von 10 Uhr morgens bis 3 Uhr nachts) verdächtig nach Babypipi schmeckt und auch ungefähr die gleiche Temperatur hat. Könnte da ... Aber wir wollen hier niemandem etwas unterstellen. Trotzdem sollte irgendwer mal schleunigst bei der Säuglingsstation des Itzehoer Krankenhauses nachfragen, wo die ihre Fäkalien entsorgen und sich wenn möglich Beweise zeigen lassen. Abgesehen davon hat das goldgelbe (...) Gebräu aber noch eine sehr wichtige Aufgabe zu erfüllen. Singles, und davon gibt es in Wacken bekanntlich eine ganze Menge, benutzen das Getränk nämlich als Sex-O-Meter. Im nüchternen Zustand ist ja kaum vernaschbares Material auszumachen, deshalb erfolgt das von Schützenfest und Klassenfahrt bestens bewährte »Schönsaufen«, hier allerdings in vollendeter Form. Gemäß der nach unten offenen Kugelmünd'schen Parabel wird anhand der Optik des möglicherweise in Frage kommenden Subjektes die Biermenge geschätzt, die nötig ist, um eine körperliche Vereinigung machbar erscheinen zu lassen. Bei jedem weiteren hässlichen Detail des Gegenübers muss eine entsprechende Menge Bier hinzugegeben werden. Aber Vorsicht! Gerade Männer müssen den Scheitelpunkt genau berechnen, denn ist dieser überschritten, fällt die Kurve im doppelten Sinne wieder ab. Dies ist der Fall, wenn die aufzunehmende Menge Alkohol so hoch ist, dass sie die ausschlaggebenden Körperregionen in ihrer Funktion beeinträchtigt. Man spricht dann vom Erschlaffungswinkel, der sich auch bei 0 befinden kann. Ist ein solcher Sachverhalt prognostizierbar, lohnt die Investition von vorneherein nicht.

Bühnen, überall

Es war im Jahr 1997, als sich die ▶Veranstalter dachten: Einfach nur Bands spielen lassen, ist irgendwie langweilig. Wäre doch viel lustiger wenn wir sie gegeneinander antreten ließen. Gesagt, getan. Seitdem stehen drei, seit 1998 vier (1999 waren es dann fünf) Bühnen auf dem Gelände, von denen grundsätzlich zwei, manchmal sogar drei mit Musikern bestückt waren. Und dann ging's los. Laut ist gut, lauter ist besser, so die einfache Regel. Eigentlich ein bisschen unfair, denn die Anlage der beiden Hauptbühnen hatte viel mehr Power, und wenn dann noch eine durchdringende Black Metal-Band auf selbiger steht, konnten die True Metaller von der Party Stage einpacken. Denn: Wer will schon herzerwärmende Balladen hören, in die *Marduk* oder *Satyricon* reinquaken? Eben, keiner. Das haben auch die True Metaller gerafft und sich beschwert, weshalb speziell die Party Stage Jahr für Jahr ein bisschen verschoben wurde. Mittlerweile steht sie gefühlte drei Ortschaften weiter rechts, weitere Bühnen wurden gleich in ein anderes Bundesland verbannt und in obskure Zelte verbannt. Seitdem gibt es weniger Überschneidungen. Dafür aber Menschen, die auf dem Weg von einer Bühne zur anderen verdurstet sind oder sich dermaßen verlaufen haben, dass sie völlig entkräftet in die Nordsee gekippt sind. Müsste alles nicht sein, denn die Lösung ist so einfach: Alle Bühnen wieder da hinstellen, wo sie vor 15 Jahren standen. Dafür noch Bands mit vielen Mitgliedern (*Haggard, Corvus Corax, In Extremo, Impotent Sea Snakes,*) beziehungsweise gemietetem Orchester im Rücken (*Rage, Doro, Metallica*, schon wieder *Corvus Corax*) verpflichten und die Mannschaft auf alle vier Bühnen verteilen. Per Funkgerät anzählen und los geht das Konzert. Der geneigte Besucher kann dann entweder von Bühne zu Bühne schlendern (ohne Kompass und Notfallverpflegung) und sich die Instrumentengruppen seiner Wahl anhören oder in der Mitte stehen bleiben, um dem Gesamtwerk zu lauschen. So ist gewährleistet, dass der herüberwehende Krach der anderen Stages ansatzweise zueinander passt und niemand etwas versäumt. Okay, bei Bands, deren Musik nicht zu einem Orchester passt (Hallo *Metallica*!), kommt da wahrscheinlich nur ein undefinierbarer Brei raus. Betrachtet man jedoch den Ausgangspunkt, so ist das zumindest keine Verschlechterung.

Campingareal, das

Willkommen im Guantanamo Bay des ganz kleinen Mannes. Wer hier landet, kommt so schnell nicht wieder raus. Okay, Haare und Bärte dürfen dranbleiben und orangefarbene Overalls sind auch (noch) keine Pflicht, aber ansonsten ist alles wie drüben bei Onkel Sam. Mieses Essen, Schlafentzug durch Dauerbeschallung, Plumpsklos, und die Aufseher führen sich auf wie Attila, der Hunnenkönig. Die hier internierten Fans sind von der Außenwelt abgeschnitten, allein gelassen und vergessen. »Natürlich dürfen unsere Freunde theoretisch jederzeit mit ihrem Auto das Gelände verlassen, es handelt sich bei unserem Campingareal schließlich nicht um einen rechtsfreien Raum«, betonen die ▶Veranstalter jedes Jahr aufs Neue. Der Haken an der Sache: rund 40 Gefängniszelte der Mithäftlinge, die den Weg zur rettenden Straße versperren. Natürlich »rein zufällig« so aufgebaut, dass von keiner Parzelle aus eine Flucht möglich ist. Wilde Zelter aus dem Umkreis werden übrigens von Spezialeinheiten mit Wärmebildkameras aufgespürt und ebenfalls umgehend ins Camp verbracht. Man will seine »Freunde« halt im Auge behalten. Den Häftlingen bleibt indes nur eine Hoffnung: Eines Tages erscheint ein findiger Rechtsanwalt, der sich ihres Falles annimmt und dabei nicht, wie so viele zuvor, den Bestechungsversuchen der Wacken-Regierung erliegt. Dann jedoch – sofern dieser Tag je kommen mag – wird es Schadensersatzklagen hageln, dass die etwas südlicher gelegene Heide wackelt. Bis dahin kann das gemeine Volk nur mit den üblichen Mitteln auf diesen Verstoß gegen die Menschenrechte aufmerksam machen: Lichterketten, Kerzen im Dom anzünden und Diskussionsrunden im Pfarrhaus bei Kamillentee und Butterkeks. Das alles unter dem Motto: Nieder mit dem Generalverdacht / Freiheit für die Wacken-Camper!

Correct, politically

ist das Wacken Open Air nie gewesen. Das beginnt schon mit der Frisur vom Hübner-Holger (Solcherlei Dauerwellen sind an sich Feministinnen vorbehalten, die damit ihre Ablehnung gegen die auf Sexismus ausgerichtete Weltordnung zum Ausdruck bringen möchten.), geht weiter mit der Verpflichtung der *Böhsen Onkelz* (1996 und 2004) und endet noch lange nicht bei der Maßnahme, für 2005 die wiedergeborenen (und bald darauf endgültig dahingeschiedenen) *Dissection* samt ihrem blank poliertem Hilfsmörderschädel Nödtveidt ins Programm zu hieven. Auch die Kommunisten von *Tankard* durften wiederholt ihre kapitalismusfeindlichen Parolen (»Freibier für alle!«) unters latent labile Volk streuen, während die Message von den *Störspatzen Of Des* (1992) auf immer im Dunkel bleiben wird. Ist bei so einem Bandnamen wohl aber auch das Beste. Fakt ist: Linksradikale Black Metal-Christen mit auskuriertem Hitler- und/oder Gummistiefel-Fetisch bekommen auf dem W:O:A unter Umständen eine Chance auf Rehabilitation, und das ist gut so. Irgendwo müssen sich diese Randgruppenexistenzen ja auch wieder an normale Menschen, geregelte Abläufe, die frische Luft und das gute Essen gewöhnen. Obwohl, den Nödtveidt hat's am Ende ja auch nicht wirklich weiter gebracht ...

Dixis, die

Eines der ganzen großen NEINs ist das Kacken in Wacken. Man muss seinen Arsch nicht unbedingt abgöttisch lieben, um ihm einen Knutscher mit den vollgesifftesten Klobrillen der nördlichen Hemisphäre zu ersparen. Der Selbsterhaltungstrieb reicht da völlig aus. Denn was kann man sich auf den Dixis nicht alles holen? Oder schneller, was könnte man sich alles nicht holen? Husten und Schnupfen, das war's dann aber auch. Trotz jährlich wiederkehrender Beteuerungen der ▶ Veranstalter, man würde diese Orte der Verdauungsverdammnis beim nächsten Mal ganz sicher stündlich mit Sagrotan abspritzen, die Kotparade scheint immer noch größer zu werden. Das muss man weder sehen noch riechen und als allerletztes am eigenen Körper spüren. Bereits am Freitag stapeln sich die prächtigen Ausscheidungen der lieben Mitmenschen in der dritten Etage, was nichts anderes heißt, als dass die gesammelten Werke der Vorgänger zehn Zentimeter über den Klobrillenrand lugen. Wer sich da hinsetzt, setzt sich mitten rein. Ein

Gefühl, das man von der Ledersitzheizung im Auto kennt, wobei man da wenigstens eine Hose anhat. Doch selbst wenn die schokoladenfarbigen Bergzipfel nicht in den Himmel ragen: Wer weiß schon, was der Vorgänger gegessen hat, wann er das letzte Mal gegen Räude geimpft wurde und wo dieser Arsch in seinem Leben schon überall war? Vom Schweiß mal gar nicht zu reden. Nö, im Leben nicht. Wenn gar nicht anders möglich, ist das ▶Maisfeld eine Alternative, ansonsten Backen zusammen und das ganze Päckchen mit nach Hause nehmen. Dixi, der Lateiner hat gesprochen!

Döner, der

Die Türkei hat sich in der letzten Zeit unter Sultan Erdogan ja deutlich vom Westen entfernt. Wenn das irgendwann noch was werden soll mit dem EU-Eintritt, dann muss der Schnauzbart aus Istanbul auf einige Dinge verzichten. NATO-Verbündete als Nazis zu bezeichnen gehört dazu. Und deutsche Nationalfußballer dürfen (öffentlich) nicht einfach so gedated werden. Dann zeigt sich Brüssel vielleicht wieder etwas gnädiger und reicht den Mitgliedswisch rüber. Damit sind die Probleme aber nicht gelöst. Im Gegenzug gäbe es für die Türken nämlich eine Fleischtasche voll neuer Gesetze. Keine Ahnung, ob das Wort Lebensmittelhygiene bereits im anatolischen Wortschatz existiert, aber auf jeden Fall weht da demnächst im Fall der Fälle ein anderer Wind. Sich mal kurz mit drei lebenden Hühnern und einem Gaskocher an die Straße stellen, ist nicht mehr. So was läuft bei uns unter Landfriedensbruch in Tateinheit mit Tierquälerei und wird nicht, wie bisher, als feierliche Eröffnung eines mobilen Schnellimbisses gewertet. Wobei, die Belgier dürfen ja nach wie vor künstliche Walnussaromen ins ▶Bier schmeißen und den Dreck sogar bei uns vertreiben. Hm, wie komm ich da eigentlich gerade jetzt drauf? Der Wacken-Döner ist bekanntlich weder ess- noch trinkbar, da er aus einem klitzekleinen Stück Ledersohle, einem Klacks Entenkacke und ein bisschen Schnittblumenabfall besteht, das alles entsorgt in einem brotfarbenen Salzteigtäschchen. Moment mal, entsorgt? Sollte dieses Häufchen Elend, das sich betrunkene W:O:A-Besucher vereinzelt sogar in den Mund stecken (Hab ich selbst beobachtet!), am Ende die türkische Antwort auf unsere Mülltrennung sein? Na dann, viel Spaß mit dem dualen System. »Mittä scharrfä Soze?«

Drogen, keine Macht den

Hattn wa nich, ham wa nich und kriegn wa auch nich wieder rein. Zumindest nichts, was über einen Feierabendjoint oder einen Tanklaster voll ▶Bier hinausgeht. Das W:O:A ist sogar ein ausgesprochenes Anti-Drogen-Festival, was unter anderem Zwergnase Nattefrost von *Carpathian Forest* anno 2003 unter Beweis stellte. Vollgepumpt mit illegalen Substanzen keifte der Baby-Panda schon am frühen Nachmittag vom Tod und seinen bitterkalten Begleitumständen, als ihm plötzlich einfiel, wo er sich befand. Genau, mitten in Wacken. Also, einmal tief durchgeatmet und raus mit der Brühe. Zum Beweis wurde dieser Akt der Selbsterkenntnis für alle Besucher gut sichtbar auf die Videoleinwand projiziert, was im Übrigen für deutlich mehr Jubel sorgte als das musikalische Beiwerk. *Carpathian Forest* mögen ja furchtbar true sein, aber klingen tut die Schose wie *Kiss* gegen die *Beach Boys* auf einem rumänischen Kofferradio.

Duschen, die

Aus der Abteilung »Sprüche, die die Welt mittlerweile auswendig kennt«: Duschen ist nicht Heavy Metal. Tausendmal gehört, dem Grunde nach aber leider richtig. Allein, weil unter dem tröpfelnden Eiswasserhahn die Frisur und die aufgemalten Tattoos abgehen. Und was den auch für Pärchen geeigneten Prince Body Wash Salon (kurz: Fickelbude) mit eingebauter Abspritzanlage angeht: Wo wichst der Fisch hin? Genau, in das Wasser, in dem er schwimmt, isst, trinkt und sich wäscht. Eben deshalb haben sich diverse Tiere im Laufe der Jahrmillionen an Land begeben. Diesen Prozess muss man nicht umkehren, nicht mal auf dem W:O:A.

Einheimische, der/die/das

Davon gibt es in Wacken jetzt nicht so furchtbar viele, nach neuesten Erkenntnissen sind es wohl ziemlich genau 1.887. Diese niedliche Ansammlung gescheiterter Existenzen, die früher entweder auf St. Pauli ein paar Pferdchen am Laufen hatten (bis der Albaner mit seinen Schusswaffen kam) oder ihr ▶Geld mit dem Fischfang verdienten (bis der Russe mit seinen defekten Öltankern und Atom-U-Booten kam), hat sich in Wacken ein beschauliches Paradies aus Einfamilienhäusern, Vorgärten, Wertstoffinseln und Marktplatz geschaffen. Bis das Open Air kam. Seitdem ist einmal im Jahr Rummel auffer Hütte, inklusive Umweltverschmutzung und wahrscheinlich auch ein paar bewaffneten Albanern. Die meisten der hier ansässigen Lebenskünstler sind aus den oben genannten Gründen jedoch Kummer gewohnt und machen aus der Not eine Tugend. Mit selbst gebastelten Bauchlädchen bewaffnet marodieren sie um das Festivalgelände herum, um billig eingekauftes Dosenbier zu Entenhausener Fantasiepreisen zu verkaufen. Die dazu nötige Reisegewerbekarte haben sie allesamt auf der Kommode liegenlassen, aber da schaut in diesen Tagen niemand so genau hin. Andere hingegen vermieten gegen Vorkasse ihren Grünstreifen an Wildcamper, und wenn die besoffene Gästebrut pennt, werden die Geldbörsen gezockt. Auch eine nette Einnahmequelle, die sich im Laufe der Jahre sicher rentiert. Zudem darf der Wackener (Wackenianer? Wackensier? Die da wohnen, halt.) für nüscht auf das Gelände, wovon besonders ältere Herrschaften, deren Kreuzschmerzen auch ohne Bierbauchladen ins Chronische tendieren, ausgiebig Gebrauch machen. Da wird sich umgeschaut, die Silberzwiebel geschüttelt und gelästert. Selbst noch mit Kohle heizen, aber den Hals aufreißen, mag manch empfindlicher Besucher schon mal gedacht haben. Aber das ist der falsche Ansatz. Denn mal im Ernst: Wer von uns möchte, dass das nächste *Kastelruther Spatzen*-Festival unmittelbar vor seiner Haustür stattfindet? Ich persönlich würde es jedenfalls nicht beim Kopfschütteln belassen ...

Einlass, stockender

Endlich mal eine Sache, bei der unsere Freunde aus der Sowjetischen Besatzungszone im Vorteil sind. Denn wenn die Schatten in Wacken länger, mithin die aufspielenden Bands interessanter werden, bilden sich an den von Ampeln geregelten Einlässen gerne lange Schlangen. Das kennen Rocky und Mandy noch von früher und können sich mental drauf einstellen. Einziger Unterschied: Es gibt keinen Bohnenkaffee aus Ungarn, sondern nur ein bisschen Nüsseschaukeln für lau. Die ►Security ist da sehr penibel, vor allem dann, wenn die Wartenden am Ende bereits in Hessen stehen. Schön noch mal in die Nasenlöcher geleuchtet, ob der prinzipiell verrückte Metal-Fan auch keinen Plastiksprengstoff zwischen dem Restrotz deponiert hat, dann »schnell« den lebensgefährlichen Patronengurt konfisziert (Nein, die kann man nicht ein paar Meter weiter auf dem Gelände kaufen. Das sind ganz andere. Obwohl, es wäre ja denkbar, dass die eingezogenen Gurte durch einen Verbindungsmann auf direktem Wege zu den Händlern gelangen, die den Mist dann möglichst an den Kollegen verkloppen, der seinen Gurt just vor zwei Minuten losgeworden ist ...), den Tetrapack mit dem O-Saft entsorgt (da könnte ja jemand drin ertrinken) und »schon« kommt der Nächste dran. Irgendwann aber haben die Damen und Herren vom grabbelnden Personal ganz plötzlich genug und geben den Haupteingang kampflos preis, indem sie die Ampel einfach auf grün schalten und in Deckung gehen. Dieser Moment kommt grundsätzlich vollkommen überraschend, weshalb die, die schon seit einer Stunde in der Schlange stehen und als Übernächste drangekommen wären, mit Recht säuerlich reagieren. Zumal die bedingungslose Kapitulation die vorangegangene Filzaktion ein bisschen arg überflüssig erscheinen lässt. Abgesehen davon könnte man natürlich auch einfach zehn Kilometer Sichtschutzplane und Einlassgitter weglassen, um so weitere Eingänge zu schaffen. Wie? Das wäre zu schön, um Wacken zu sein? Diese albernen Einlassampeln kosten ein Vermögen? Und außerdem hätte der Verbindungsmann der ▶Security dann nicht mehr genug Zeit, die Händler mit neuem Stoff zu versorgen, weil die Leute schneller am Stand wären als ihre eigenen Patronengurte? Da ist natürlich was dran ...

Fischbude, großartige

Wenn der werte Leser (die werte Leserin, ist ja schon gut) an dieser Stelle des Buches angelangt ist und dabei die Reihenfolge eingehalten hat, weiß er/sie schon alles über den ▶Döner, aber noch nichts von der ▶Pizza. Ausnahmsweise ist es erlaubt, ein paar Buchstaben zu überspringen und sich die nötigen Infos sofort zu besorgen. Alle wieder da? Schön, dann kann's ja weitergehen. Dem aufmerksamen Leser (und seiner Uschi) wird aufgefallen sein, dass das kulinarische Angebot in Wacken seit jeher zu wünschen übrig lässt. Wäre das W:O:A ein Roman von Agatha Christie, Miss Marple würde wegen versuchten Mordes durch vergiftetes Essen in geschätzten 150.000 Fällen ermitteln. Aber da gibt es ja noch die Fischbude, die großartige. Jener Hort des nahezu kostenneutralen Sattwerdens war in den letzten Jahren ein Stück rechts hinter dem ▶Einlass positioniert, ich kann mich aber daran erinnern, auch zuvor schon vom reichhaltigen Meeresangebot genascht zu haben. Nicht, dass die Qualität hier um ein Vielfaches besser wäre als bei den Kollegen mit den südländischen »Spezialitäten« oder dem Nudelmatsch, aber toter Fisch ist toter Fisch, da lässt sich wohl nicht so viel falsch machen. Entweder er ist frisch, oder der Konsument landet im Krankenhaus. Definitiv alles richtig machen die, die am angegebenen Ort einen gebackenen Feuchtbiotopbewohner bestellen. Die Olle von der Thunfischtheke kippt da nämlich soviel Remoulade drüber, dass man beim besten Willen nicht mehr sagen kann, ob Fisch oder Fleisch den Schlund hinunterrutscht. Ist aber auch egal, denn das Gefühl, mal was im Magen zu haben, das a) merklich ausfüllt und b) nicht sofort wieder raus will, ist mindestens so viel wert wie Freibier. Und wer weiß, wofür Mann das überschüssige Eiweiß noch gebrauchen kann ... (siehe ▶Girls, nackige)

Freunde, die

Bezeichnet in der Regel die Leute, mit denen man das Wacken Open Air besucht. Manchmal schließen sich aber auch »Freunde von Freunden«, »Bekannte« oder gar »entfernte Bekannte« dem Tross an, was unweigerlich den Tod jener Freundschaft zur Folge hat, auf deren Basis sich die Gruppe überhaupt erst zusammenfinden konnte. Denn: Wacken ist Krieg, und da muss man sich auf jeden Einzelnen verlassen können. Ein bisschen Open Air-Erfahrung oder zumindest guter Wille beziehungsweise bedingungsloser Gehorsam den Festivalveteranen gegenüber ist für Mitreisende oberste Pflicht. Hält sich aber natürlich keiner dran, vor allem nicht jene »Bekannte«, die Soziologie im 30. Semester studieren und das W:O:A als eine Art lebendig gewordene Hausarbeit betrachten. Da werden gnadenlos Zeltplatznachbarn angequatscht, der Sinn und Zweck des Alkoholmissbrauchs unter Musikbeschallung hinterfragt und unqualifizierte Kommentare abgegeben. Zum guten Schluss verpasst die ganze Blase noch irgendeine wichtige Band, weil der feine Herr »Freund vom Freund« mit dem Security-Männchen die Tatsache ausdiskutieren will, warum man denn keine Isolierkannen mit Hibiskusblütentee aufs Gelände mitnehmen darf. Spätestens an diesem Punkt bekommen sich die beiden Ausgangsfreunde fürchterlich in die Wolle, hauen sich ausgiebig aufs Maul und sprechen, zu Hause angekommen, für die nächsten zwanzig Jahre kein Wort mehr miteinander. Anstatt den Verursacher gemeinsam im Wald auszusetzen und den Schleiereulen zu überlassen, geht also eine nicht zu ersetzende Sandkastenfreundschaft in die Brüche. Drum prüfe, wer sich für Wacken bindet, ob sich nicht doch was Bessres (oder am besten: niemand) findet.

Fußball, König

Wo wir gerade beim Thema sind: »Die Welt zu Gast bei Freunden«. Wofür der DFB immerhin 106 Jahre brauchte, schaffte das langhaarige Tunichtgutdoppel Jensen/Hübner in Nullkommanix. Und zwar ohne die Hilfe von Franz Beckenbauer und Günter Netzer. Eine grüne Wiese und drum herum ganz viele Fans aus aller Welt. Okay, das eine war 'ne Fußball-WM, die mit einem beschämenden dritten Platz endete und das andere ein Heavy Metal-Festival. Aber so groß sind die Unterschiede nicht. Die Schlachtenbummler sind schon vor Anpfiff besoffen, während des Spiels wehen Fahnen in den Landesfarben, und am Ende ist der Schiedsrichter (bzw. ▶Veranstalter, glorreiche) schuld. Ob Fußballfans sich allerdings auch drei Stunden für ein ▶Bier anstellen oder die dreimalige Spielverlegung ihres Teams einfach so schlucken würden, lassen wir mal dahingestellt. Auf jeden Fall nehmen unsere internationalen Gäste mehr Eindrücke mit nach Hause als der gemeine Hooligan. Ohrenfiepen, Schlammreste in der Unterhose und Nackenschmerzen vom vielen Headbangen, das alles gibt es beim Fußball nicht. Es ist zudem sehr unwahrscheinlich, dass ein Wacken Open Air mit einem müden 0:0 endet. Und solche Knusperkasper wie Gianni Infantino (allein der Name!) haben hier endlich mal gar nichts zu sagen. Abgesehen davon, wo sollten die auch sitzen? Beim W:O:A gibt es (noch) keine komplett verglasten VIP-Logen. Und dass die meisten der Metal-Bands demnächst nach 45 Minuten Spielzeit eine Pause brauchen, weil sie so steinalt sind, ist nichts weiter als ein böses Gerücht. Obwohl, wäre vielleicht keine schlechte Idee, wenn sich Urgesteine wie die mittlerweile teilverrenteten *Slayer* oder *Twisted Sister* zumindest einen Ersatzmann auf die Bank setzen dürften. Denn: Ein Spiel dauert 90 Minuten und nicht 75, ihr Luftpumpen!

PS: Wer an dieser Stelle ein paar erhellende Worte zum traditionellen Fußballmatch erwartet hat, das ein jedes Wacken Open Air eröffnet, muss leider enttäuscht werden. Was dort geboten wird, ist kein Fußball, sondern seniorengerechtes Urnen-Turnen für Fortgeschrittene.

Gäste, die

»Für die Gäste nur das Beste« liest man manchmal auf Emailleschild-Imitationen, die vorzugsweise in Besucherklos hängen. Diesen Spruch sollten sich Hesse-Jensen mal auf die Topflappen sticken. 80.000 Menschen einladen und dann nicht mal ein Sektchen zur Begrüßung bereithalten. Von den Toiletten wollen wir nicht schon wieder anfangen, deshalb geht es gleich weiter zu den Schlafgelegenheiten. »Klar könnt ihr bei uns übernachten, wir haben Platz«, hört man da immer wieder gerne. Besonders kurz vor Silvester, wenn plötzlich alle zwanghaft nach einer Party suchen, die nicht ganz so ätzend wird wie die im letzten Jahr. Kaum am Zielort aufgeschlagen und die ersten Bierchen verhaftet, klärt der Gastgeber auf, dass man sich das Zimmer »lediglich« mit Roland, Jürgen, dem dicken Ulf, der fetten Katharina, den streng riechenden Zwillingen Müller und dem etwas seltsamen Jungen von gegenüber teilen müsse, der natürlich nicht ohne seinen Rottweiler einschlafen kann. »Platz ist in der kleinsten Hütte« pflegt der Hausherr mit süffisantem Grinsen in solchen Momenten anzumerken, während dreiviertel aller Gäste verstohlen nach Taxigeld kramen. Genau so ist das in Wacken auch, nur ohne den Rottweiler und ohne Taxis, weil das zu teuer wäre. Womit wir eine elegante Überleitung zum nächsten Thema hätten.

Geld, das

Es gibt Schüler, die nehmen konzentriert am Unterricht teil, andere wiederum lugen ihrer Banknachbarin Lieselotte lieber in den Ausschnitt. Wer sich selbst zur zweiten Kategorie zählt, kann einen Teil des damals durch vorsätzliches Spannen verpassten Stoffs in Wacken aufarbeiten, ohne sich wirklich anzustrengen. Die Funktionsweise der Inflation zum Beispiel wird jedes Jahr aufs Neue anschaulich dargestellt. Inflation heißt übersetzt so viel wie Preisteuerungsrate, die vom Statistischen Bundesamt ermittelt wird. Dafür nehmen die Beamten einen fiktiven Warenkorb und legen jeden Monat die gleichen Güter und Dienstleistungen rein. Beispiel: 1 Liter Milch, zwei CDs von Andrea Berg, drei Rinderlenden, zehn Stangen Ernte 23 für die Mama, eine Unfallversicherung für die Hauskatze und einen Blowjob von Lieselotte für den Papa. Wenn für das gleiche Geld weniger im Korb liegt als im Monat zuvor, dann haben wir eine Inflation, und dieser Wert wird einmal jährlich in der Tagesschau bekannt gegeben. So weit, so schön. Nehmen wir unseren fiktiven

Warenkorb mit aufs Wacken-Gelände (der Korb ist fiktiv, also nicht existent, und kann deshalb auch nicht von der ▶Security eingezogen werden), so stellen wir fest, dass hier eine Inflationsrate herrscht, wie weiland in der Weimarer Republik. Denn wo wir vor fünf Jahren noch zwei T-Shirts, sechs ▶Bier, drei Steaks in Tomatentunke und Knobi-Brot satt einsammeln konnten, bekommen wir heute nur noch eine kalte ▶Dusche und ein hohles Lachen. Hier von schleichender Inflation zu sprechen, wäre wohl nicht angebracht, Hyperinflation kommt der Sache schon näher. Und, berichtet die Tagesschau darüber? Nein, aber was will man von einer Sendung erwarten, die aufgedunsenen Sprechapparaten wie Jens Riewa einen warmen Unterschlupf gewährt. Wie auch immer, wer die Gewinner einer solchen Hyperinflation sind, liegt wohl auf der Hand, es sei aber daran erinnert, dass die Verlierer in solchen Fällen gerne mal Adolf Hitler zum Reichskanzler wählen. Wer dem jetzt nicht folgen konnte, belege an der Volkshochschule bitte umgehend einen Kurs in Geschichte, denn bei solch eklatanten Wissenslücken hilft auch ein Besuch des Wacken Open Air nicht weiter. Oder für die ganz Blöden: Lasst euer Geld zu Hause, da ist es mehr wert.

Girls, nackige

Welches Rind hat eigentlich mit der schönen Tradition gebrochen, dass sich pro Wacken Open Air einmal eine oder gleich mehrere Hilfsschülerinnen auf einer der großen Bühnen nackig machen? Okay, auch heutzutage gibt es sie noch, die wandelnden Kraterlandschaften (Strippen scheint allgemein schlecht für die Haut zu sein.), die sich in Latex gehüllt um betrunkene Banger wickeln oder sich gegenseitig den Lipgloss verschmieren. Aber nur noch versteckt auf dem Metalmarkt. Ganz in der Ecke, wo man arabisch spricht und sich eh kein Schwein hin verläuft. Da stehen sie, Ulla und Trulla, die beiden Essener Bürofachgehilfinnen (jeweils knapp an der Zwischenprüfung gescheitert), die so schön erotisch aus der geliehenen Wäsche gucken. Ein kompetenter Moderator darf dabei nicht fehlen, wer soll die Masse denn sonst vorheizen? »Hier kommen unsere beiden flotten Flöhe, die schlamperten Schnecken, unsere willigen Wacholderdrosseln.« So ähnlich fabulierte sich 2004 ein dem Verfasser namentlich bekannter Uwe Ochsenknecht-Doppelgänger durch das Tierreich, um uns zu vermitteln, dass Ulla und Trulla schon ganz feucht unter den Achseln sind. Aber kein Problem, es findet sich ja immer jemand, der das Zeug wegleckt. In diesem Beispiel hätte es der Moderator »notfalls« wohl sogar höchstpersönlich erledigt. Sei's drum, das ist auf jeden Fall großes Kino, das darf man doch nicht verstecken. Wer sind denn zum Beispiel *Helloween*, die haben doch (bis auf die Deris) nicht mal Titten. Was war das schön, als *Rockbitch* 1997 *Subway To Sally* von der Mainstage kickten und ganz öffentlich zum kollektiven Orgasmus baten. Oder 1999 die *Devil Girls* den Lack rascheln ließen. Oder *Atrocity* im zweijährlichen Rhythmus ihre musikalischen Belanglosigkeiten mit Silikon auspolsterten. Oder 2000 erst, die großartige Chantal Chevalier. Der olle Tschechenbomber mit dem französischen (hihi) Pseudonym kann heute doch kaum älter als 65 Jahre alt sein. Die ist doch noch gut. Von dem ganzen anderen Frischfleisch (hihi) der Branche mal ganz abgesehen. Also ganz schnell wieder einführen (hihi) die Nummern (hihi). Möglichst auf der WET Stage (hihi), die kann man von hinten (hihi) öffnen (hihi). Ich würd mal steif (hihi) und fest (hihi) behaupten, das würde eine ganze Latte (hihi) von Leuten reizen (hihi). Und überhaupt. Hieß das Motto nicht: Harder! (hihi) Faster! (hihi) Louder! (hihi)? Also, Titten auf die Theke und Fleisch beim Salat. Das hier ist immer noch ein Metal-Festival und kein Freiluftpuff für hormonell gestörte Frühpensionäre. Wie? Äh. Na ja. Hm. Hihi.

Gribbohm, Örtchen

Um hier ausnahmsweise mal der Ehrlichkeit die Ehre zu geben: Dieses Buch müsste eigentlich »Die Wahrheit über Gribbohm« heißen. Denn: Skandal! Das Wacken Open Air findet größtenteils auf dem Gelände der Nachbargemeinde Gribbohm statt. Bühnen, Zelt- und Parkplätze: alles aber so was von in Gribbohm und eher mal überhaupt nicht in Wacken. Also ist es an der Zeit, sich vor dem 400-Seelen-Gemeindchen zu verbeugen und den großen Bruder Wacken, der sich den Ruhm seit Jahren unverdientermaßen ans Revers heftet, links liegen zu lassen. Gribbohm liegt logischerweise in Schleswig-Holstein, gehört zum Landkreis Steinburg und verwaltungstechnisch zum Amt Schenefeld. Die Koordinaten lauten: 9.35 / 9 Grad 20' 60" in der Länge und 54.0333 / 54 Grad 1' 60" in der Breite, falls das jemanden interessiert. Unter www.gribbohm.de ist neuerdings tatsächlich der fast berühmte Ort zu erreichen und nicht mehr Gisela Runge, geborene Gribbohm. Die ältere Dame lächelte uns viele Jahre lang von der Startseite entgegen, während im Hintergrund die gedeckten Tische eines Landgasthofes auf Kundschaft warten. Äh, das war's dann aber leider auch. Sowohl Gisela Runge (geb. Gribbohm) als auch Gribbohm (der Ort) haben uns nicht mehr zu sagen. Wahrscheinlich der Minderwertigkeitskomplex, hervorgerufen durch die jahrelange Bevormundung des schier übermächtigen Nachbarn. Ja, und auch die Fans tragen daran Mitschuld. Den ▶ Müll in Gribbohm hinschmeißen, aber ein T-Shirt mit Wacken-Aufdruck tragen. Ich persönlich fühle mich jedenfalls moralisch verpflichtet, meinem kompletten W:O:A-Merchandising das W zu nehmen und überall ein G einzusetzen. Wenn das alle machen, heißt es spätestens in fünf Jahren: True, Truer, Truthahnbraten! It's Nice To Get Drunk In Gribbohm!

Handys, die

Alljährlich sieht man sie wieder. Die Bekloppten, die vor einer der ▶ unzähligen Bühnen stehen und stolz ihr Handy in Richtung Lautsprecherboxen halten. Früher hat man den Daheimgebliebenen noch erzählt, wie es war. Heute überträgt das Mobiltelefon live und wenn möglich, werden mit dem gleichen Gerät noch zwanzig lächerlich übersteuerte Gigs mitgeschnitten. »Ja, hier spielen gerade *Cannibal Corpse*. Hab voll den Hammer inner Fresse. Wie? Was? Du verstehst mich nicht? Ich dich auch nicht. Warte, ich halt das Handy noch mal hoch.« Was zur Hölle soll dieser Mumpitz? Selbst wenn da am anderen Ende der Leitung der weltgrößte *Cannibal Corpse*-Fan lauscht, mehr als ein »Grrrzzzmmmpppfff« wird er wohl kaum heraushören. Denn was für das menschliche Ohr vor Ort vielleicht gerade noch verarbeitbar ist, wird durch ein stecknadelkopfgroßes Billigmikrofon gejagt und via Satellit einmal in den Orbit und zurück geschossen. »Grrrzzzmmmpppfff« all over the world. Mein persönlicher Vorschlag: Diese fliegende Kamera, die an Seilen gezogen über das Publikum hinwegsaust, mit einer kleinen Sense ausstatten, und wenn da noch einer die dreckige Flosse samt Sabbelbox in die Höhe streckt, weg damit. Suppt vielleicht ein bisschen, ist der Atmosphäre einer *Cannibal Corpse*-Show aber sicher zuträglicher als ein Meer aus silbrig glänzendem High-Tech-Schnickschnack. Und was diesen tuntigen SMS-Service angeht, bei dem man für 1.99 Euro ein original auf dem W:O:A verbrochenes Gitarren-Feedback als Klingelton (!) herunterladen konnte: Dafür, liebe ▶Veranstalter, kommt ihr garantiert in die Hölle!

Headliner, der

»Guten Abend, wir sind *Saxon*.« »Ach was, hätt ich jetzt nicht erkannt.« Der regelmäßige Wacken-Gast dürfte diese Combo samt ihrem versifften Anhang (*Motörhead*) öfter gesehen haben als die eigenen Eltern. Headliner werden ja eigentlich gebucht, um mit ihren Namen viele Fans auf das Festivalgelände zu locken. Es geht also nicht um die, die eh jedes Jahr aufschlagen, sondern um die so genannten Wechselwähler. Menschen, die mal AfD und mal DIE LINKE wählen, beziehungsweise in diesem Jahr nach Balingen fahren, im nächsten nach Dinkelsbühl und im übernächsten nach Stadt aus Eisen, wo die Menschen mal AfD und mal DIE LINKE wählen. In Wacken scheint sich das jedoch anders zu verhalten. Hier bucht man eher die Bands als Headliner, von denen man weiß, dass die Mehrheit der Fans nicht schreiend das Weite sucht. Also *Saxon* und *Motörhead* als Hologramm oder *Saxon* (mit Adler) und *Motörhead* (mit Bomber und als Hologramm) oder aber *Saxon* (mit Adler) und *Motörhead* (ohne Bomber, aber als Hologramm) oder möglicherweise *Saxon* (als Überraschungsgast) und *Motörhead* (offiziell als Hologramm-Premiere) oder vielleicht noch *Motörhead* (mit Lemmy als Hologramm) und *Saxon* (mit Biff), aber dann muss auch gut sein mit dem Herumexperimentieren. Denn wer weiß, was passiert, wenn da plötzlich wirklich mal *Manowar*, *Metallica*, oder *AC/DC* auf der Bühne stehen? Vielleicht pfeift der Mob die unbekannten Gesichter von der True Metal Stage, weil die gar kein »Wheels Of Steel« oder »Ace Of Spades« im Programm haben? War doch immer so, war doch immer schön, kann doch bitte schön so bleiben. Mir persönlich würde es für den Anfang jedenfalls völlig reichen, wenn Biff und Lemmy einfach mal die Klamotten tauschen. Oder den Daseinszustand. Wenn das klappt, können wir uns fürs W:O:A 2025 vielleicht mal über einen neuen Headliner unterhalten. Bloß nichts überhasten, denn wie sagte der damalige Trainer von Real Madrid, John Toshack, so weise: »Am Montag nehme ich mir vor, zur nächsten Partie zehn Spieler auszuwechseln. Am Dienstag sind es sieben oder acht, am Donnerstag noch vier Spieler. Wenn es dann Samstag wird, stelle ich fest, dass ich doch wieder dieselben elf Scheißkerle einsetzen muss wie in der Vorwoche.« Keine weiteren Fragen.

Heimschläfer, poserhafte

Nachdem das ▶Campingareal bereits einer genauern Betrachtung unterzogen wurde, ist es nun an der Zeit, sich um die poserhaften Heimschläfer zu kümmern. Heim meint in diesem Fall übrigens nicht »zu Hause«, denn das dürfte maximal 0,89 Prozent der Wacken-Besucher betreffen. Vielmehr geht es hier um die Schlappschwänze, die ihren Arsch in Pensionen oder Hotels unterbringen und sich somit der nächtlichen Hardcore-Party entziehen. Beim Bund gibt es für ein solch fahnenflüchtiges Verhalten Stromstöße bis die Schneidezähne qualmen beziehungsweise ein Reporter vom Spiegel den Skandal aufdeckt. Solche Wimmerlinge gehören nicht zur Truppe, das ist nicht true! Sagen jedenfalls die Zelter, die in diesem Fall in der Überzahl sind. Ich als Pensionsschläfer sage jedoch: Leckt mich am Arsch. Ein Bett ist was feines, frischer Kaffee auch, und bevor ich mir auch nur eine Nacht um die Ohren schlage, weil der Blödmann nebenan morgens um fünf die *Excrementory Grindfuckers* hören muss, verzieh ich mich lieber in mein Einzelzimmer. All Hail To abschließbare Türen!

Heino, der

Als sich im Jahr 1985 der Komiker Otto Waalkes in seinem ersten Kinofilm in einer Szene über Heino lustig machte, indem er in bester »Thriller«-Manier ein paar Ebenbilder des Sonnenbrillen-Barden aus der Gruft hüpfen ließ, um sie eine Version von »Schwarzbraun ist die Haselnuss« anstimmen und schließlich im Stechschritt davoneilen zu lassen, war das Gepolter der Volksmusikfreunde groß: eine Frechheit von diesem langhaarigen Kasper, sich so über ihren Heino lustig zu machen! Wollen wir an dieser Stelle mal begründet annehmen, dass viele Fans von damals das Jahr 2013 nicht mehr erlebt haben, denn mittlerweile macht sich der 1938 geborene Barde gerne selbst zum Honk. Und wo ginge das besser als auf dem W:O:A? Sein Album »Mit freundlichen Grüßen«, das Anfang 2013 erschien, enthält diverse Coverversionen von *Die Ärzte*, *Sportfreunde Stiller* und *Rammstein*. Und letztgenannte spielten im gleichen Jahr bei Schleswig-Holsteins bekanntester Freiluftveranstaltung auf, was an sich schon fragwürdig genug ist. Aber um es dem spießigen Langhaarvolk vor der Bühne mal so richtig zu zeigen, luden die Berliner Unterhaltungskünstler ihren Bruder im Geiste ein, um gemeinsam das Lied »Sonne« in den abendlichen Himmel zu knurren. Wenn das nicht Metal ist, was dann? Gegen alle Konventionen, einfach mal voll in die Fresse. Und das wäre ansatzweise vielleicht sogar okay gewesen, wenn nicht gekommen wäre, was kommen musste: Plötzlich mäandert jedes noch so peinliche Schlagersternchen über die Metal-Festivals, weil das ja irgendwie »Kult« ist. David »Big Mac« Hasselhoff tanzt den Limbo Dance auf dem »Nova Rock«, Michael Wendler rockt das »Bang Your Head«, Helene Fischer singt auf dem »Party.San« ein Duett mit Doro Pesch. Und was machen die *Jacob Sisters* eigentlich gerade? Als wenn Bülent Ceylan, Otto höchstpersönlich und *Trivium* auf Metal-Bühnen nicht schon schlimm genug wären. Von wo aus nahm das Unheil seinen Lauf? Danke Wacken!

Helga, die

Mystische Sagengestalt (weiblich), die bis heute bei Freiluft- und Hallenmusikveranstaltungen auftaucht. Ist auf der ganzen Welt gesehen worden, hat ihren Ursprung aber wahrscheinlich in den USA (oder im Zweifelsfall bei den Kelten). Ihr Äußeres wird wie folgt beschrieben: Langes, weißes Gewand, vier Köpfe (zwei dunkelhaarig, einer blond und tot, einer ohne alles, aber mit Tattoos), acht Arme, acht Beine und 'ne große Klappe. Dabei jedoch leider nur mit anderthalb Gehirnen gesegnet. Wenn sie auftaucht, wird es dunkel, kalt, laut, böse und teuer (Eintrittskarte, Merchandising etc.). Die unbarmherzige Göttin des Totschlagens streift oftmals über Camping- und Parkplätze, wenn die Ex-Thrash-Giganten von *Slayer* in der Nähe sind. Deren Fans sind auch das bevorzugte Opfer der Helga, die sich nur besänftigen lässt, wenn man laut ihren Namen brüllt und dabei ein Gesicht macht wie ein Epileptiker vor einem Stroboskop. Anno 2003 wurde die Sagengestalt erstmals im schleswig-holsteinischen Wacken gesehen, die Erscheinung entpuppte sich jedoch als Trugbild. Sabina Claasen von *Holy Moses* – in einen weißen Bademantel gehüllt – hatte einfach den falschen Durchgang gewählt und war nicht in der Backstage-Dusche, sondern auf dem Hauptgelände gelandet. Kein Wunder, dass die Totschläger irritiert waren und den Lautstärkeregler verkehrt herum bedienten.

Internet, www.wacken.com

Bereits die Startseite des multimedialen Festivalabbildes wartet mit einer Drohung auf: »Countdown to W:O:A – 230 Days« prangt da schon kurz vor Weihnachten auf dem Schirm. Zu einer Zeit also, wo das Schlafdefizit des letzten Festivals noch nicht mal egalisiert ist. Tritt der geneigte Benutzer dann in die deutschsprachige Abteilung ein, so findet er die neuesten Neuigkeiten und schön viel Werbung. Die circa 30 anderen Links sind in Englisch beziehungsweise Denglisch verfasst, diesem ekelhaften Sprachbastard, der bevorzugt von pseudo-wichtigen Journalisten und Promo-Trullas verwendet wird. »Wenn du dann in London gelandet bist, machen wir ein Briefing, dann geht's zur Location, wo die Band performt, und bei der Aftershow-Party haben wir 'n Meet And Greet, you know?« Ja, ich know. Wäre aber trotzdem nice, wenn du ab jetzt die fuckin' Fresse hältst. Ungefähr auf diesem Niveau bewegen sich auch die Verweise der Homepage, wo »Metal Travel«, »Warm Up Parties« oder die »Toilette to go« auf den Mouse ... sorry, Mausklick warten. Und wehe, es kommt mir jetzt einer mit der großen, internationalen Metal-Familie. In diesem Fall müssten mindestens noch ein paar altjapanische und kyrillische Schriftzeichen eingefügt werden, wegen der

Globalisierung und so. Es ist echt zum Heulen. Tendenziell lustig ist hingegen das Forum – weil immer alle darauf warten, dass sich »ein Verantwortlicher« zu Wort meldet, um irgendeine Furzfrage zu beantworten. Passiert natürlich selten, und wenn doch, stürzt sich der ganze Mob auf »den Verantwortlichen«, um ihn mit noch dusseligeren Anschlussfragen gleich wieder in die Kaffeepause zu jagen. Zwischendrin (also rund 340 Tage netto im Jahr) beschimpfen sich die Wacken-Besucher gegenseitig, weil irgendein Wahnsinniger zum Beispiel *Rammstein* auf dem W:O:A sehen will (beziehungsweise so tut, als ob) und andere Wahnsinnige das auch toll finden, diverse nicht ganz so Wahnsinnige aber munter dagegenhalten, weil, wenn überhaupt, dann doch wohl *Children Of Bodom* und so weiter. Kein Wunder, dass das Festival immer so friedlich abläuft, die Damen und Herren sind bei ihrer Ankunft schon alle völlig leer gemeckert. Nicht minder ulkig ist das Beobachten der Rubrik »Lost And Found« (...), in der sich doch tatsächlich auch ein halbes Jahr nach Räumung des Geländes Menschen melden, die plötzlich ihr Ladegerät fürs Handy vermissen. Was sind denn das für Muschelschubser, die 4.380 Stunden benötigen, bis sie raffen, dass ihnen was fehlt? Und was sind das überhaupt für Handys, deren Akkus ein halbes Jahr halten? Fragen, die wahrscheinlich die Rubrik »Questions & Answers« (...!) beantwortet, aber irgendwann ist mal gut mit Englisch, das macht auf Dauer nämlich insane in the brain, you know?

Itzehoe, in der Nähe von

So wird er umschrieben, der sagenumwobene Ort Wacken in Schleswig-Holstein. Keine Ahnung, welcher Landkartenlegastheniker auf diese Idee gekommen ist, aber wenn Wacken in der Nähe von Itzehoe liegt, dann gehört München zu Slowenien. Ich möchte gar nicht wissen, wie viele Schweden, Norweger und Peruaner auf diesen Trick hereingefallen sind und sich gedacht haben: Die Kohle fürs Taxi sparen wir uns, wenn's in der Nähe liegt, gehen wir zu Fuß. 22 Kilometer später dürfte ihnen die Erkenntnis gekommen sein, dass »in der Nähe« relativ ist. In diesem Fall relativ weit weg. Vielleicht verliert man in der Tiefebene so kurz vor der endlos weiten Nordsee ein bisschen das Gefühl für Entfernungen, in der Nähe heißt für mich nämlich immer noch um die Ecke und nicht irgendwo hinter Madagaskar. Und wenn dann noch nicht mal eine Tankstelle auf dem Weg liegt (die A23 dürfte die einzige tankstellenfreie Zone dieser Republik sein), wo der arme Peruaner seine Biervorräte auffüllen kann, dann fühlt er sich zu Recht verarscht. Also, liebe ▶Veranstalter, entweder ihr streicht dieses »in der Nähe von« aus euren Ankündigungen, oder ihr baut ein Laufband vom Itzehoer Hauptbahnhof bis direkt aufs Gelände. Aber ohne Ampeln! Ich warte.

Jak, das

Langhaariges Rind, auch Grunzochse genannt, und damit das Heavy Metal-Tier überhaupt. Kann mit seiner Monstermatte in vier verschiedene Richtungen gleichzeitig bangen, säuft ▶Bier und scheidet brennbaren Kot aus. Verwandt mit der ▶Kuh aus Wacken, allerdings bloß verschwägert (mütterlicherseits). Leider ist das Jak nur äußerst selten in Wacken anzutreffen, weil es in Tibet lebt, und die haben da noch keine Billigflug-Airlines. Eigentlich schade.

Jungfrauenabschied, der

Dass Wacken ein großes und wichtiges Festival ist, muss sich auch bis in das hinterletzte Dorf dieser Republik herumgesprochen haben. Ein untrügliches Zeichen dafür ist das plötzliche Auftauchen von folkloristischen Gebräuchen, die in Gemeinden mit über 500 Einwohnern kurz nach dem Dreißigjährigen Krieg abgeschafft wurden. Nicht so bei unseren Freunden aus Tittenkofen, Nackterwäldchen oder Poppenhausen, da wird noch so manche »gute« Tradition gepflegt. So erblickten 2003 nicht wenige der müden Augenpaare einen tobenden Mob, der einen Jungspund vor sich hertrieb. Mit verbundenen Glotzern und allerlei Ekelkram überzogen, musste das Bürschchen vor und auf dem Gelände diverse Erniedrigungen über sich ergehen lassen. In der Hand hielt es ein Schild mit der Aufschrift »Wacken-Jungfrau« oder so ähnlich. Sehr lustig und bestimmt auch irgendwie sinnvoll. Wäre nur toll, wenn die Jungen Gesellschaften, Freiwilligen Kegelvereine und alle anderen geistigen Blaskapellen ihre Aufnahmerituale nicht eins zu eins aufs Wacken Open Air schleppen würden. Das ist nämlich eine Kulturveranstaltung und keine hirnlose Massenparty, wo sich sinnlos besoffen wird. Äh, was hab ich da gerade geschrieben? Ach, macht doch was ihr wollt.

Kanonenfutter, das

Interne Bezeichnung für Bands, die zwischen 11 und 13 Uhr auf die vom Frühnebel umhüllte Bühne müssen. Meist reist diese Semi-Prominenz im geliehenen Kleinlaster (VW) an und erfährt schon am Eingangstor, welchen Status sie hier vor Ort genießt. »Ihr seid *End Of Green*? Kenn ich nicht«, bescheidet der Torwächter, um die verdutzten Künstler an die Tageskasse zu schicken. Da könnte schließlich jeder kommen, und irgendwie sehen diese Langhaarigen ja auch alle gleich aus. Fähige Bands gelangen irgendwie für lau aufs Gelände, während Frischlinge hier das erste Mal Lehrgeld zahlen. Ist man dann endlich ▶Backstage, gilt es, den zuständigen Stage-Manager zu finden. Der hat in der Regel total viel Lust, sich mit Lokalgrößen der Marke *Angel Dust*, *Dark Age*, *Paragon* oder wie sie auch immer heißen herumzuschlagen und versteckt sich deshalb gerne im Gebüsch. Dreißig Sekunden vor dem Auftritt hüpft er hervor, schreit die verdutzte Band an, dass es jetzt losgeht und jedwede Verzögerung von der Spielzeit abgezogen wird. »Anders ist so ein Mammutfestival nicht zu bewältigen. Von den 40.000 Fans da draußen warten maximal sieben ausgerechnet auf euch. Wenn überhaupt. Durch so eine Trümmerkapelle, wie ihr es seid, verkaufen wir nicht eine Karte mehr. Merkt euch das.« Sagt der Stage-Manager, der es wissen muss und durch seinen kleinen Vortrag so nebenbei auch noch die letzten 30 Sekunden für den Soundcheck verplempert hat. Da ja allgemein bekannt sein dürfte, dass auch die hinterletzte Kellercombo für die Dauer eines Soundchecks zu *Dream Theater* mutiert und auch die dünne Saite des Basses zehn Minuten lang justiert haben möchte, gibt es, milde ausgedrückt, ein wenig Missstimmung. Diese entlädt sich in einem überragenden (Meinung der Band), grottenschlechten (Meinung des Stage-Managers), netten, aber unspektakulären (Meinung der 350 anwesenden Fans) Gig. Lohnt sich dafür der Aufwand? Für die Band mit Sicherheit, denn erstens belegen sie mit ihrem Schriftzug einen halben Quadratzentimeter auf dem offiziellen Festival-Shirt, und zweitens können sie vor der Freundin damit prahlen, vor 80.000 Menschen gespielt zu haben. Moment, wieso 80.000? Nun, 350 Leute standen vor der Bühne. 39.650 lagen in ihren Zelten/im Koma, watschelten durch den Ort oder über das Gelände, tranken ▶Backstage eine Limonade, versorgten Verletzte, gingen Streife oder fuhren zufällig am äußersten Rand der Umzäunung mit dem Auto vorbei. Die zählen natürlich alle mit, sodass als Zwischensumme 40.000 Fans festzuhalten sind. Da Musiker ihre wahren Zuschauerzahlen grundsätzlich verdoppeln, ohne es zu merken, geht die Rechnung am Ende wieder auf. Dieser Verdoppelungsfehler ist genetisch bedingt und tritt im Übrigen auch bei Autoren auf, die von ihrer letzten Lesung berichten. Das aber nur nebenbei.

Kindergeburtstag, kein

Gerne vorgetragene Floskel der ▶ Veranstalter, wenn es ein Besucher wagt, sich über die Gegebenheiten vor Ort zu beschweren. Beispiel:

Fan: »Ich finde es nicht okay, wenn ich für einen Becher mit lauwarmem ▶ Bier zwei Bürgen mitbringen muss, die meine Kreditfähigkeit bescheinigen.«

Veranstalter: »Na und, das ist hier kein Kindergeburtstag!«

Wohl wahr, das Wacken Open Air ist mitnichten ein Kindergeburtstag, zumindest nicht auf den zweiten Blick. Auf den ersten hingegen unterscheiden sich beide Veranstaltungen nur marginal. Verzogene Bälger springen im ▶ Matsch herum, veranstalten dabei einen Heiden(?)krach und die Nachbarn beschweren sich. Ruhe herrscht erst, wenn die (bunten) Tüten kreisen und dann geht's auch schon wieder heim zu Mutti. Dort bekommt Bübchen einen Satz heiße Ohren verpasst, weil die Flecken aus der neuen Hose niemals wieder rausgehen. So weit, so gut, aber warum drehen wir den Spieß nicht einfach um? Geplagte Eltern könnten vom W:O:A jedenfalls eine Menge lernen. Stellen wir uns einfach vor, der fünfjährige Patrick lädt seine Spielkameraden zum Kindergeburtstag ein. Vorm Haus steht Papa in einer orangenen Weste und kassiert für jedes Dreirad 30 Euro Parkgebühr. Dafür dürfen die Lütten aber auch auf dem Grünstreifen campen, wenn sie mögen. Für den Eintritt ins Kinderzimmer werden 180 Euro fällig, was erst mal viel erscheint, bei genauerem Nachrechnen aber wieder günstig ist. Schließlich dürfen die Zwerge mit diesem Ticket auch ins Wohnzimmer, in den Flur, ins Gästezimmer, in die Küche und aus dem Fenster gucken. Außerdem gibt es ein ▶ Bändchen, auf dem »Patricks Kindergeburtstag 2019« steht. Doll. Ein Becher Fanta kostet 5 Euro (Pfand nicht vergessen!), die Nudeln, die Oma mittags nicht mehr essen wollte, 9 Euro. Wer davon Durchfall bekommt, hat ein Problem, denn für die Sickergrubenbenutzung im Garten müssen 2 Euro berappt werden. Dafür wird die Grube aber regelmäßig geleert. Ungefähr alle zwei Jahre, und die letzte Leerung war zufällig gerade vorgestern. Egal. Rumtoben, Spielsachen vom Geburtstagskind kaputtmachen, heimlich in die Mirkowelle pupsen, bunte Tüte abgreifen und wieder raus. Vor der Tür warten schon die Bullen, die die Dreiradkolonne genauer unter die Lupe nehmen. Die Tüten werden natürlich sofort eingezogen, und wer überzuckert am Lenker sitzt, kommt in U-Haft. Das Leben ist schließlich (k)ein Kindergeburtstag.

Kuh, die

Die Wacken-Kuh als solche steht zum Beispiel in der Nähe der Campingplätze N in Richtung ▶ Gribbohm und wundert sich. Zumindest wirkt es so, wenn man ihren Gesichtsausdruck eingehender betrachtet. Aber man muss ja auch Verständnis haben, denn wie würden wir gucken, wenn 362 Tage im Jahr die totale Idylle herrscht und ganz plötzlich eine Horde schwarz gefleckter Kühe und Stiere muhend am Küchenfenster vorbeizieht, mit Ringen in der Nase und insgesamt eher bescheidenen Umgangsformen? Wir würden die Polizei rufen, uns beim Bürgermeister beschweren und vorsorglich den Nachbarn verklagen. Das alles tut die Wacken-Kuh nicht. Sie kaut ein bisschen Gras, wackelt mit den Ohren und dankt ihrem Schöpfer dreimal täglich, dass ihr Euter bloß Milch und kein ▶ Bier enthält. Andernfalls wäre die Wacken-Kuh nämlich schon längst ausgestorben.

Lokomotive, zügige

Uiih, was ist das Gebrüll groß, wenn de schwäbsche Eisebahne in den Bahnhof einfährt. Hunderte Männer schmeißen vor Begeisterung mit Dosenbier, hissen Fahnen und schubsen ältere Damen mit Hund aufs Nachbargleis. Es geht via Ruhrpott gen Norden, wo weitere bierbedoste Fahnenrüpel auf die Ankömmlinge warten. Einmal Klassenkeile für umsonst, dann gehen alle ins Stadion, gucken VfB Stuttgart gegen Werder Bremen und hauen sich auf dem Rückweg wieder die Mappe voll. Ein ganz normaler Bundesligaspieltag, irgendwann im März. Am ersten Augustwochenende aber wird die besagte Strecke ein weiteres Mal von gar urig betrunkenen Menschen frequentiert, denn der Metal Train bahnt sich seinen Weg. Zwar nicht über Ulm und Biberach, Mekkebeure, Durlesbach, sondern über Mannheim, Mainz und Essen, aber das macht die Sache nicht besser. Seit 2002 mieten ein paar halbstarke Finanzbeamte mit schlechtem Klamottengeschmack (war auf der mittlerweile runderneuerten Page www.metal-train.de; die Crew zu bewundern) ausrangierte Viehwagons der Reichsbahn, um damit Schwaben und ähnliches Getier aufs W:O:A zu verfrachten. Für 125 Scheinchen und mehr ist der Süddeutsche dabei, bekommt neben der Beförderung ein Überraschungspaket (200 gr. Blutwurst, 1 halbe polnische Eselssalami, 1 Paar Puschen aus Lammfellimitat, 1 Wärmflasche in Büffelkopfform), eine Metal Train-CD (Die 50 schönsten Bahnhofsdurchsagen von Aasbüttel bis Zwickau) sowie eine Unfallversicherung. Die greift jedoch nur dann, wenn ein unbekanntes Flugobjekt den Zug bei Vollmond rammt und zum Entgleisen bringt (Selbstbeteiligung 100.000 Euro). Was der Schwabe nicht kriegt, ist ein Ticket fürs W:O:A, aber das ist praktischerweise im Fanshop des Metal Train erhältlich. Wer bei dieser günstigen Gelegenheit noch zum modischen Metal Train-Sweatshirt und/oder Basecap greift, hat das durchschnittliche Jahreseinkommen eines Hartz IV-Beziehers verjuxt und noch nicht ein ▶ Bier getrunken. Das wiederum gibt es gegen Herausgabe von handelsüblichem Münzgeld in der Metal Train-Bar, die durchgehend geöffnet hat. Genauso wie der integrierte DJ-Stand, der die Reisenden laut Eigenwerbung mit allem versorgt, was »laut, hart und schnell ist«. Außerdem könne man »mit gleichgesinnten Rockfans plaudern, ▶Bier trinken, Party machen.« Also alles das, was man nach drei Tagen in Wacken garantiert nicht mehr braucht. Trotzdem wollen angeblich immer mehr Verrückte mitfahren, weshalb noch eine zweite Huschhusch installiert wurde. Großartig, da zitiert der bekennende Autofahrer doch lieber noch eine Zeile aus oben angerissenem Liedgutklassiker (»Auf de schwäbsche Eisebahne könne Kuh und Ochse fahre«) und studiert weiter die Angebote im Fan-Shop. Wenn ich da noch einen Vorschlag für die rückseitige Bedruckung des Kapuzensweaters machen dürfte: »Later Than Hell« hätte was.

Leichen, lebende

Das mögliche Endprodukt der Kugelmünd'schen Parabel beziehungsweise des »Härter, schneller, lauter«-Prinzips (▶Bier, mehr). Spätestens ab 19 Uhr sinkt ein nicht geringer Teil der Besucher jeweils an Ort und Stelle in einen komatösen Tiefschlaf, als hätten sie das Zepter von König Alkohol höchstpersönlich über die Omme gezogen bekommen. Einfach umfallen geht im normalen Leben nicht, weil früher oder später ja doch mal eine Straßenbahn oder ein Schwerlasttransporter drüberrumpeln könnte. Und dann ist Sense mit Living Dead und so. Auf dem Acker hingegen ist außer torkelnden Mitmenschen nichts zu befürchten, was der eine oder andere Commerzbankangestellte zum Anlass nimmt, mal richtig Spaß zu haben. Im Fachjargon heißt diese Übung »Lampen ausschießen«, was aber voraussetzt, dass da vorher was geleuchtet oder zumindest geglimmt hat. Sei's drum, an der frischen Luft 'ne Runde pennen, den Kopf an ein uringetränktes Eisengitter gelehnt, kann ja auch was Erfrischendes haben. Anno 2001 entschieden sich allerdings selbst für Wacken-Verhältnisse auffällig viele Fans für diese Variante der Naherholung, was zur Folge hatte, dass *Motörhead* vor 1.253 wachen und circa 17.500 schlafenden

Fans aufspielten. Muss für die Band ein blödes Gefühl gewesen sein. Auf der anderen Seite ist es nicht sicher, ob Gitarrengott Phil Campbell je auch nur einen *Motörhead*-Gig in halbwegs wachem Zustand erlebt hat. Und Lemmy schläft seit geraumer Zeit eh durchgehend, insofern auch wurscht. Für den aufgeweckten Beobachter ergibt sich nachts, wenn die letzten Töne von den Bühnen verklungen sind und das Räumkommando das Gelände absperrt, jedoch ein besonderes Spektakel. Nach und nach erheben sich die weit verstreut liegenden Leichen aus ihrer Starre und wanken mit ungelenken Bewegungen den hell erleuchteten Ausgängen entgegen. Wenn jetzt noch ein bisschen Nebel über der Restwiese liegt, entsteht ein Bild, das Kinofans das Wasser im Mund zusammenlaufen lässt. George A. Romero, Regisseur von »Night Of The Living Dead«, musste für solche Effekte jedenfalls viel ▶Geld auf den Tisch legen.

Maisfeld, stinkendes

Gut Dung will Weile haben, möchte man kalauern, wenn man zusieht, wie sich ▶Freunde und Verwandte genüsslich den Mais zwischen die Zähne schieben. Auch das Popcorn erfreut sich, zumindest in meinem cineastisch veranlagten Bekanntenkreis, ungebrochener Beliebtheit. Ich persönlich gehe da nicht dran, denn ich bin jedes Jahr in Wacken und weiß, was im Boden vor sich geht. Und was mindestens genauso schlimm ist: Ich weiß nicht, an wen der Bauer, dem dieses duftende Feld gehört, seine geernteten Früchte liefert. Selbst wenn es nur Futtermais sein sollte, die Gefahr ist mir einfach zu groß. Ich möchte auch nicht wissen, wie der Boden im Spätherbst zur Erntezeit aussieht, was genau sich die einzelne Pflanze aus 800 Kilo internationalem Kot (vorsichtig geschätzt) herauszieht und wie sie es verarbeitet. Und wer von den polnischen Saisonkräften als erster über das Feld watet, um nach Kaninchen, Glasflaschen oder faustgroßen

Haufen zu suchen, bevor der Häcksler drüber geht, interessiert mich ebenfalls nicht. Ich esse einfach keinen Mais und damit gut.

Matsch, matschiger

Der Stoff, aus dem das W:O:A gebaut ist. Im Grunde nichts anderes als ein Gemisch aus Sand und mineralischen Teilchen, das nass geworden ist. Laut Dr. Alexander Stahr (den gibt es wirklich) rutscht der Mensch deshalb auf Matsch aus, weil das Wasser im lehmhaltigen Boden nicht schnell genug entweicht und der Schuhsohle (samt Körpergewicht) keine Reibefläche bietet – ähnlich dem Aquaplaning beim Autofahren. Sagt der Dr. Stahr. Warum pro Jahr mindestens 200 Handlampen mit Anlauf in die Matschepampe springen, um dann vollgemodert über das Festivalgelände zu toben, wie Spongebob auf Acid (okay, das ist eine Tautologie), weiß der alte Klugscheißer Dr. Stahr aber leider nicht. Die Homepage www.matsch.de hilft auch nicht weiter, da führt uns ein Privatmensch eindrucksvoll vor, warum man das Internet als solches hassen muss. Wer Zeit hat, seinen Familienstammbaum sowie Fotos seines Babys und seiner Zimmerpflanzen (!) ins Netz zu stellen, sollte zur Strafe 100 Stunden gemeinnützige Arbeit verrichten. www.matsch.net gehört Mathias Lösch, und wer jetzt die ersten drei Buchstaben des Vor- und die letzten drei des Nachnamens zusammensetzt, hat den Gag dieser Seite auch schon zur Gänze begriffen. Daneben gibt es ein paar Strandbilder und ein Linkverzeichnis mit Geheimtipps wie Google oder Heise. www.matsch.org ist jedoch noch frei, und es wäre sehr schön, wenn sich die jemand aus der werten Leserschaft sichern könnte, um die oben aufgeworfene Frage nach den Handlampen in der Matschepampe schlüssig darzulegen. Ich surfe ab jetzt immer mal wieder vorbei.

Met, plörriger

Nicht zu verwechseln mit dem Mett, einer geschwürartigen Masse aus Schlachtabfällen, die mit Zwiebelwürfeln und Pfeffer veredelt allerdings eine schmackhafte Brötchenauflage fürs zweite Frühstück ergibt. Met hingegen ist ein Modegetränk – quasi ein Alcopop für Rocker – und schmeckt wie destillierte Bienenkacke. Das ist nicht verwunderlich, schließlich handelt es sich bei diesem Gesöff um Honigwein, der – und hier haben wir den Knackpunkt – das Lieblingsgetränk der Germanen gewesen sein soll. Langhaarige Männer, die mit glasigen Augen um ein Feuer hocken und den Göttern Blitz, Donner und Hagelschauer huldigen. Doch, das klingt nach Heavy Metal, und auch wenn der Scheiß mittlerweile auf jedem Altstadtfest angeboten wird, nirgendwo ist er so zu Hause wie auf dem Wacken Open Air. Der maroden Bretterbude schnell noch ein paar Hörner aufgesetzt, schon kommen sie angeströmt, die legitimen Nachfahren der Sieger der Varusschlacht (2:1 nach Verlängerung), um für vier Euro pro Pfützchen der glorreichen Vergangenheit zu huldigen. Nie würden sie Eierlikör trinken, obwohl der ähnlich süß schmeckt, nie am Amaretto nippen, weil das weibisch wäre. Aber der Göttertrunk, der darf die Kehlen hinabfließen, bis der Blutzuckerspiegel Rumba tanzt. Warum das Zeug Göttertrunk genannt wird, ist schnell erklärt: Da sich die Germanen die Wirkung des Alkohols nicht erklären konnten, maßen sie dem zufällig in freier Natur entdeckten Honigwein besondere Kräfte zu. Mit anderen Worten, die wären auch vor einem Kümmerling auf die Knie gesunken und hätten die Piemont-Kirsche zur Gottheit erklärt. Was das über heutige Met-Trinker aussagt? Gar nichts. Nee, wirklich gar nichts ...

Metal, Heavy

Ursache für den ganzen Zinnober auf dem Acker. Wer sich Standardwerken der stählernen Aufklärung wie »JGTHM«,

»Schmerztöter« oder »Einführung in die handwerkliche Metallverarbeitung« bisher konsequent verweigert hat, hier ein Überblick über die wichtigsten Geschehnisse:
Ca. 15 Milliarden Jahre v. Chr.: Urknall; Metall, Feuer, Krach, alles da. *Manowar* gründen sich. Holger Hübner gründet auch was, sein erstes Unternehmen (Ich-AG).
Ca. 2,5 Millionen Jahre v. Chr.: Erste Werkzeugfunde belegen: *Manowar* bauen sich Instrumente. *Gwar* nicht. Die letzten Dinosaurier (Angus Young und Ozzy) halten sich wacker.
3250 v. Chr.: Eric Adams versucht, so etwas Ähnliches wie Texte zu schreiben. Dabei entsteht in Uruk (Mesopotamien) die älteste Schrift der Welt. Zwei Minuten später hat der zufällig anwesende Holger Hübner einen Vertrag aufgesetzt, der ihm die Weltherrschaft sichern soll. Gott unterschreibt versehentlich und schickt umgehend seinen Sohn Jesus zur Erde, um das Malheur rückgängig zu machen. Jesus bleibt jedoch für die nächsten 3250 Jahre im Sternenstau(b) hängen. Immerhin: Die gelben Engel und das Rote Kreuz (...) bringen Tee vorbei.
2615 v. Chr.: Hübner trifft Thomas »Imhotep« Jensen (man beachte die markante Kinnform) in Ägypten, teilt mit ihm die Weltherrschaft und errichtet in Saqqara den ersten pyramidenförmigen Monumentalbau, beziehungsweise das erste Wacken-Büro der Menschheitsgeschichte.
333 v. Chr.: Alexander der Große gewinnt bei einer Benefiztombola in Issos 20.000 Perserteppiche. Dave Murray und Steve Harris beobachten die Szene und gründen aus lauter Mitfreude *Iron Maiden*. Erste Ideen zu »Alexander The Great« und »The Number Of The Beast« (2x333) entstehen. Kommentar von den dabeistehenden Hübner und Jensen: Pah, wer braucht denn *Iron Maiden*.
30 n. Chr.: Jesus ist endlich angekommen und versucht Hübner/Jensen die Weltherrschaft zu entreißen. Daraufhin verpfeift ihn das Duo bei den Behörden wegen Falschparkens und Hexerei. Jesus wird geschnappt und zum Tode am Kreuz verur-

teilt. Während der Zeremonie grölt ein halbstarker Schmierlappen immer wieder »Nailed To The Cross« und klimpert dazu mit seinen verschiedenfarbigen Augen. Hübner und Jensen nehmen ihn unter Vertrag.
68 n. Chr.: Rom steht komplett in Flammen. Hübner/Jensen wollen natürlich mal wieder von nichts gewusst haben. Ozzy macht seine zweite Entziehungskur.
455 n. Chr.: König Biff »Geiserich« Byford fällt mit seinen Vandalen in Rom ein und haust, wie man das von Kollegen mit einem solchen Stammesnamen erwarten kann. Hübner/Jensen fühlen sich von dem Chaos irgendwie inspiriert.
793 n. Chr.: *Amon Amarth* werden erstmals auffällig, als sie das englische Kloster Lindisfarne leer saufen. Hübner/Jensen verkaufen den durstigen Mönchen im Anschluss an das Gelage »günstiges ▶Bier, fast zum Einkaufspreis, ein Becher (0,3) für 4 Goldstücke«. Das Kloster geht innerhalb von zehn Minuten Pleite. Ob *Amon Amarth* und Hübner/Jensen bereits damals gemeinsame Sache gemacht haben, konnte bis heute nicht historisch belegt werden, ist aber wahrscheinlich.
1095 n. Chr.: Der erste echte Werbeslogan der Welt verbreitet sich. Mit »Gott will es. Wir sind doch nicht blöd« gibt Papst Urban II. den Startschuss für die Kreuzzüge. Hübner/Jensen sponsern die Gegenseite (Black Stage) und verlieren zum ersten und letzten Mal in ihrem Leben richtig viel ▶Geld. Des Weiteren bilden sich vor allem in Skandinavien Tausende miese Black Metal-Kapellen, die versuchen, mit akustischem Terror gegenzuhalten. Hätte Pope Urban Zwo das geahnt, hätte er auf die paar Goldbarren aus Jerusalem wahrscheinlich dankend verzichtet.
1445 n. Chr.: Der Mainzer Johannes Gutenberg erfindet die beweglichen Lettern und stellt damit die Voraussetzung für den schnellen Buchdruck. Hat für die meisten Metaller aber bis heute keinerlei Bedeutung.
1517 n. Chr.: Martin Luther nagelt seine 95 Thesen (Der Ball

ist rund, Dumm fickt gut, Haribo macht Kinder froh etc. pp.) ans Eingangsportal der Firma Hübner/Jensen Ablassbriefchen für Jedermann GmbH. Daraufhin zeigen die beiden Geschäftsmänner den Randalierer wegen Sachbeschädigung vor dem Jüngsten Gericht an und bekommen Recht. Martin Luther legt sich den Decknamen King zu und probt mit ein paar anderen Schwarzen (Malcom X, Sheree Hesse, Michael Jordan) den Bürgeraufstand. Als direkte Folge daraus entstehen die evangelische Konfession, Lakritzschnecken zum Naschen und das Liebespaar Jensen/Hesse. Das geschäftstüchtige Duo ist also zum Trio angewachsen.

1714 n. Chr.: Georg I. aus Hannover übernimmt in England den Thron von Königin Anna Stuart. Damit herrschen die *Scorpions* über *Queen*, sattes Riffing über schwülstigen Bombast. Schade, dass es dabei nicht geblieben ist. Hübner/Jensen/Hesse sind am Hofe als musikalische Berater angestellt und ärgern in ihrer Freizeit bevorzugt den damals noch nicht ausgewachsenen Prinzen Ernst August. Die Spätfolgen (Prügelattacken, Pinkelorgien am türkischen Pavillon, Suffgeständnisse in der Bild) sind verheerend.

1806 n. Chr.: Durch die Niederlegung der Krone entlässt Kaiser Franz II. das Heilige Römische Reich Deutscher Nation in die Unabhängigkeit. Wacken ist endlich frei! Ozzy versucht betrunken, vom Dach einer fahrenden Pferdekutsche zu urinieren, fällt hinunter und von dort aus direkt ins Koma.

1819 n. Chr.: Die so genannten Karlsbader Beschlüsse treten in Kraft. Die Obrigkeiten verfolgen unbequeme Studenten, Schriftsteller und Journalisten. Hübner/Jensen/Hesse schlagen dem österreichischen Staatskanzler Metternich vor, gefügigen Journalisten eine Art Ehrenbändchen ums Handgelenk zu knüpfen, um so ihre besondere Stellung hervorzuheben. Der Vorschlag setzt sich (noch) nicht durch, die Idee zu den V.I.P.-Pässen (althochdeutsch für: Var Immer Prav) ist jedoch geboren.

1914 n. Chr.: Ozzy erwacht aus seinem Koma, nickt aber sofort wieder ein, als er erfährt, dass er im gerade angelaufenen Weltkrieg als Frontschwein eingesetzt werden soll. Wacken verliert durch französischen Dauerbeschuss sein lauschiges Bergpanorama.
1940 n. Chr.: Ozzy fragt nach dem Stand der Dinge und bleibt lieber noch 'ne Runde liegen. Den durch seinen langen Schlaf hervorgerufenen Mangel an Sauerstoff im Hirn nimmt er in Kauf. In Wacken weht nicht ein Hakenkreuz im Wind, was aber auch daran liegen könnte, dass ▶Kühe grundsätzlich keine Flaggen hissen.
1959 n. Chr.: Nach einer etwas längeren Schaffenspause planen *Manowar* ihr Comeback. Zuvor verhelfen sie ihrem alten Kumpel und Ex-Leadgitarristen »Fidel« Castro zur Machtübernahme in Kuba. Leider sieht das die heimische Regierung nicht so gerne und weist die vier Kämpfer lebenslänglich aus den USA aus. Daraufhin konzentrieren sich *Manowar* wohl oder übel auf den europäischen Markt (außer Wacken und England).
1990 n. Chr.: Hübner/Jensen/Hesse sind nach einer jahrtausende langen Odyssee am Ziel. Kurz nachdem die Mauer gefallen ist, sind endlich genügend billige Arbeitskräfte auf dem Markt, um ein Open-Air zu veranstalten. Der Wahnsinn nimmt seinen Lauf.

Müll, Kippe

Einige Besucher scheinen das Wacken Open Air mit einer temporären Müllkippe zu verwechseln, die für ein paar Tage irgendwo aufgebaut wird und dann weiterzieht. Stein des Anstoßes sind dabei natürlich nicht Zigarettenstummel, Sixpack-Umverpackungen und Taschentücher, sondern Dinge, die auf Zeltplätzen zurückbleiben und den Anschein erwecken, da hätte jemand seine Garage umgestülpt. Baucontainer, Stacheldrahtzäune, Reservekanister, Laubsauger und Schaukelstühle (gerne mit der verstorbenen Oma drin), das alles lassen Menschen zurück, die eine Musikveranstaltung besuchen. Warum? Müsste im Auto ob der geleerten Vorräte nicht mehr Platz sein als vorher? Geht denn nicht eher ein Kumpel im dreitägigen Gewühl verloren, als dass ein weiterer hinzukommt? Oder hat Mami vielleicht das Auto gepackt, und nun kriegt Sohnematz nicht mal mehr die Hälfte rein, weshalb ein paar Gegenstände geopfert werden müssen? Klingt wahrscheinlich, aber die Theorie hat einen Haken: Wenn dem so wäre, würden deutlich mehr Menschen auf den Plätzen zurückbleiben, die sich im Laufe des Festivals mit dem Fahrer zerstritten haben und deshalb aussortiert wurden. So einen Schaukelstuhl (ohne kaputte Großmutter) kann man vielleicht doch noch mal gebrauchen.

Nacht, über Wacken

Nicht nur wegen der erwähnten Zombieeffekte (▶ Leichen, lebende) und noch zu beschreibenden Düften (▶ Urin, viel) etwas Besonderes. Wackener Nächte sind lang (aber dann ...) und haben die Eigenheit, extrem hell oder tiefschwarz zu sein. Erstgenannter Fall tritt ein, wenn die Strahler auf den Campingplätzen so eingestellt sind, dass sie jedem, der auf einem der Hauptwege unterwegs ist, genau in die Iris funzeln. Die andere Möglichkeit: Die Dinger sind ausgeschaltet oder gar nicht erst aufgebaut. Dazwischen gibt es nichts, was zu der Vermutung führen könnte, dass des Nachtens abseits der Wege irgendwas gemauschelt wird, wovon der gemeine Besucher auf gar keinen Fall etwas mitbekommen darf. Lagern da vielleicht irgendwo die Biervorräte der Händler, oder verbuddelt Hübner die Tageseinnahmen unter einem der zahlreichen Gebüsche? Was es auch ist, es muss sehr interessant sein, anders kann ich mir dieses Beleuchtungskonzept nicht erklären. Also, Augen auf, Taschenlampe an und Spaten geschultert. Wäre doch gelacht, wenn man da nicht hinter kommen würde.

Nightliner, Danziger

Übergroßer Luxusbus, der neben Weinkeller, Hallenbad und Freilaufgehege für die mitgeführten Lieblingspferde auch den Arsch eines wichtigen Künstlers – nehmen wir als fiktives Beispiel mal Glenn Danzig – sicher auf das Wacken-Gelände hievt. Vergleichbar mit einer Sänfte, auf der sich Kleopatra vor einigen Jahren durch die ägyptische Wüste schaukeln ließ. Die vier Tragesklaven wurden von 400 PS abgelöst, aber ansonsten hat sich nicht viel getan. Um das Nobelgefährt herum drängt sich der gemeine Mob, der am verhungern (okay, in Wacken eher am verdursten) ist, während drinnen mit gegrillten Lachsaugen eine Murmelpartie nach der anderen ausgetragen wird. Und so wie Kleopatra keine Ahnung von dem Leid ihres dahinvegetierenden Volkes hatte, so weiß auch der Herr Superstar im Nightliner nicht, was in Wacken wirklich abgeht. Zeltplatzchaos, Matschepampe, klaustrophobische Zustände vor den Bühnen? Alles kein Thema. Durch abgedunkelte Scheiben und eine Sonnenbrille betrachtet, sieht es eh überall gleich aus. Außerdem achtet der Busfahrer – wie einst der Chauffeur des Führers kurz vor dem Endsieg (der Alliierten) – darauf, keine allzu zerbombten Straßenzüge zu kreuzen. Nicht, dass der Kunstschaffende noch einen realitätsnahen Eindruck von seinem Auftrittsort bekommt. Stars in der Liga von Danzig fühlen sich von »normalen« Häusern, Städten und Menschen nämlich belästigt, was man auch irgendwie nachvollziehen kann. Ewig dieser Jubel und die vielen Geschenke. Da ist der Nightliner schon eine sichere Burg, die allerdings den Nachteil hat, dass sie irgendwo auch mal stehenbleiben muss. Und sei es nur an der Tanke, einer Ampel oder direkt hinter der Bühne. Kaum angehalten, kleben auch schon wieder die Gesichter der Bewunderer an den Scheiben, weshalb mittlerweile viele dieser Busse mit Selbstschussanlagen ausgerüstet sind. Völlig zurecht, denn wer weiß, was das da draußen für Irre sind. Kurz bevor es via Gangway auf die Bühne geht, wird zur Sicherheit der komplette Backstage-Bereich abgesperrt, der Nerzmantel noch schnell gegen ein Netzhemdchen ausgetauscht und die Show beginnt: »Wacken, seid ihr gut drauf?« Geht dich gar nichts an, du Affe. 75 Minuten Aufdiebrustgeklopfe gemixt mit Nichtgesang, Kohle kassieren, heim ins mobile Reich und zum nächsten Auftrittsort gefahren. Wenn's ganz dumm läuft, kann so ein Bus natürlich auch mal von der Fahrbahn abkommen. Das hat zwar endgültig nichts mehr mit Wacken zu tun, ist aber so was wie ein Lichtblick in diesem düsteren Abschnitt. »I Got A Dirty Black Summer« ...

Ohrenstöpsel, die

Tauchen in verschiedenen Erscheinungsformen auf: Durchschnitts-Mosher verwenden Ohropax, Angeber stülpen sich handtellergroße Presslufthammerkopfhörer über die Lauschlappen, und die Kreativen prokeln sich Fetzen von Taschentüchern, Tampons oder ihrem Personalausweis in die Gehörgänge. Manch ein listiger Vertreter aus der Familie der Heavy Metal-Fans hingegen hat eine natürliche Methode gegen schädliche Phonstärken entdeckt. Wer sich die Ohren drei Jahre lang nicht wäscht, sammelt so viel Schmalz an, dass sich das Trommelfell von ganz alleine versiegelt. Wen es nicht stört, dass ihm die gelb-braune Masse auch mal auf die Schulter tropft, bitte. Jeder Fetisch hat seine Anhänger, die Homepage www.lutscht-mir-den-Propfen-raus.de ist bestimmt schon irgendwo in Arbeit. Neben diesen geistig höchstenfalls halbgesunden Vertretern gibt es aber auch noch die ganz Verrückten, die bis heute der festen Meinung sind, Ohrenstöpsel seien etwas für Popper. Heavy Metal muss ihrer Meinung nach ungefiltert aufs Trommelfell drücken, bis die Hirnsuppe freiwillig in den Circle Of Death einsteigt. Außerdem kann ein Tinnitus ja auch ganz hilfreich sein, wenn man zum Beispiel seine Gitarre stimmen möchte und gerade kein passendes Gerät zur Hand hat. Nachteil dieser Methode: Nach drei Tagen Wacken ist das Fiepen in der Muschel so laut, dass sämtliche Hunde in der Nachbarschaft denken, Herrchen bläst in die Hundepfeife. Wenn sich die Ein-Zimmer-Wohnung nach der Rückkehr von der Open-Air-Sause also mit vierbeinigen Flohbussen füllt, nichts bei denken. Manchmal geht so ein Tinnitus sogar wieder weg.

Order, Running

Angebliche Orientierungshilfe für Fans, die wissen wollen, wann wer wo spielt. Entspricht in Sachen Zuverlässigkeit ungefähr dem Feiertagsfahrplan der kaukasischen Reichsbimmelbahn. Wird im Wacken Office Mitte Mai ausgewürfelt und dann einmal die Woche nach einem komplizierten Verfahren unter Berücksichtigung der Quantenphysik umgestellt. Manchmal stellt sich die Running Order auch über Nacht alleine um und nachher will's wieder keiner gewesen sein. So kam es, dass auf dem Wacken Open Air 2004 eine Band wie *Anthrax* den Morgentau von der Wiese pflückte, während *The Rods* (The wer?) zur Prime Time die Bühnenbretter anöden durften. Besonders gerne würfeln die ▶Veranstalter besagte Liste während des laufenden Festivals neu aus, bei doppeltem Einsatz, versteht sich. »Uh, guck mal«, sagte Herr Hübner an einem schönen Augusttag im Jahr 2002 zum Kollegen Jensen, »ich hab *Candlemass* gewürfelt. Hey, Messiah Marcolin! Schwing deinen fetten Arsch in die Mönchskutte, ihr seid dran.« »Wieso? Der Dickinson spielt doch noch. Wir sind erst in zwei Stunden angesetzt.« »Was glaubst du, wofür wir hier ▶so viele Bühnen rumstehen haben? Und ab dafür!«

Out, Sold

Seit ein paar Jahren gibt es das in Wacken wirklich. Und zwar meist Monate vor dem Festival. Weil mehr als 85.000 Banger ja nicht aufs Gelände kommen (kicher). Noch limitierter als die normalen Eintrittskarten ist das so genannte X-Mas-Package, bei dem der Konsument ungefähr einen Nickel spart, dafür aber ein streng limitiertes Shirt in der falschen Größe (Bierbauch L) bekommt. Der Vorverkauf für dieses Package startet gewohnheitsmäßig noch im Sommer, was den Vorteil hat, dass a) an Weihnachten längst keine dieser Tickets mehr vorrätig sind und b) die Bekloppten, die Ende August schon genau wissen, was sie im nächsten Sommer machen, ein Ticket für ein Festival kaufen, dessen Billing sie (wie die Veranstalter) noch gar nicht kennen. Sehr gefährlich, denn wenn das mit den toten Metal-Stars so weitergeht, dann kippen in zwölf Monaten so viele Musiker um, dass in Wacken *Mob Rules*, *Sacred Steel* und *Stormwarrior* die Headliner machen. Aber das wird die Rummelplatz-Banger des Wacken Open Air nicht davon abhalten, zum frühestmöglichen Zeitpunkt eine Karte zu erstehen. Zur Not setzt man sich einfach fünf Tage in den Biergarten und lauscht den *Firefighters*.

Outfit, das

Es ist bisher nichts darüber bekannt, dass die ▶Veranstalter in naher Zukunft eine Kleiderordnung für das W:O:A erlassen wollen. Trotzdem gibt es so etwas wie eine stille Übereinkunft aller Beteiligten, wie man ordnungsgemäß auf dem Acker zu erscheinen hat. 80 Prozent der Besucher tragen traditionelles Band-Shirt mit Totenkopfapplikation in Schwarz und zeitlos fleckige Jeans. Dazu passend ein Hauch aus sich auflösendem Turnschuh oder schwarze Stahlkappenstiefel mit verchromten Schienbeinschonern, der so genannte Norwegerlatschen. 12 Prozent vertreten die Anti-Fraktion, die in einer rebellischen

Szene wie der Heavy Metal-Sippe zum guten Ton gehört. Diese Damen und Herren laufen demnach in allem auf, nur nicht in Schwarz und vor allem nicht in Böse. Den Anfang machten vor einigen Jahren Bekleidungsstücke aus dem Fanshop der Sesamstraße oder lustige »Holt den Notarzt, ich bin voll«-Shirts, die auch bei intensiver Textstudie ihren Witz für sich behielten. Heute ist alles erlaubt, von Meister Propper über Burger King bis hin zu Fix und Foxi zieren sämtliche vorstellbaren Unterhaltungsikonen und Firmenlogos die Brust und Brüste. Apropos, 2004 war der Spruch »Wie schön, dass du meinen Busen bemerkt hast« besonders angesagt. Jede vierte Schnepfe, deren Rundungen über das Maß einer handelsüblichen Walnuss hinausgingen, trug so ein Shirt. Man war manchmal versucht, diese Sexismus-Warriorinnen anzusprechen, um ihnen mitzuteilen, dass einem da noch mehr aufgefallen ist. Die Segelohren, der fette Arsch oder die vielen Schuppen. Abgesehen davon waren die meisten Mickermöpse nicht der Rede wert. Aber Mann hält sich zurück und rechnet. Wenn er das tut, wird er feststellen, dass in dieser Aufzählung noch acht Prozent fehlen, und das sind genau die, die das W:O:A mit dem Kölner Karneval verwechseln. Ob als OP-Gehilfe verkleidet, mit Schweinemaske vermummt, als rosafarbener Ninja oder als quasi nackter Wikinger mit aufblasbarer Gitarre gewandet (der Typ scheint bei wirklich jedem Festival dabei zu sein), immer mehr Menschen entdecken die Lust an der Kostümierung. Es wird nur eine Frage der Zeit sein, bis EMP, Nuclear Blast und Konsorten die Marktlücke entdecken, um sogleich mit voller Wucht reinzuspringen. Wie dereinst bei den bereits erwähnten »Fun Shirts« oder – noch viel schlimmer – den mit der Eigenschaft der Phosphoreszenz bestückten Metal-Leibchen: »Dieses *Blind Guardian*-Shirt leuchtet für zwei Minuten im Dunkeln.« Willkommen im Yps-Heft! Auch schon egal, denn spätestens 2022 bevölkern ausschließlich von selbst leuchtende Nonnen, Krankenschwestern, Piraten und Cowboys den Moshpit. Wacke Alaaf! Und da regen sich die Leute ernsthaft auf über einen englischen Prinzen im Nazi-Kostüm oder Charlie Sheen im Normalzustand?

Pizza, die

Meine Lieblingsfernsehwerbung aller Zeiten ist die mit dem Italiener, dessen Schuhe in Beton eingegossen sind und der vor einem Hafenbecken stehend um Gnade winselt. Der zuständige Bezirkspate, der ein bisschen aussieht wie der SAT1-Multikulti-Comedian Kaya »Zu reden wie Deutsch-Türke ist voll lustig, ey. Brauchst du keine Texte mehr« Yanar lässt jedoch nicht mit sich handeln. Plumps, und ab geht's zu den Fischen. Dazu kommt eine Stimme aus dem Off, die erklärt, dass so etwas passiert, wenn man Filme ohne »Moviestar« empfiehlt. Diese Werbung ist nicht lustig, dazu schlecht gefilmt und insgesamt ziemlich blöde. Allerdings erinnert sie mich immer wieder an folgende Frage: Was würde dieser Mafioso wohl mit einem Landsmann machen, der ein Stück Teig auf ein Blech schmeißt, ein bisschen Oregano drüberbröselt, eine Scheibe Aldi-Salami draufklatscht und dann ein Schild mit der Aufschrift »Pizza Salami / 5,50 Euro« in Position bringt? Vierteilen und ab in die Hackfleischsoße? Von Francesco Totti zu Tode spucken lassen? Zu *Labyrinth* in den Proberaum sperren, bis die Ohren bluten? Zum Ministerpräsidenten des Heimatlandes wählen? Keine Ahnung, aber irgendeinen Ehrenkodex für die Pizzazubereitung muss es doch geben, Italien kommt der Zivilisation von allen Dritte Welt-Ländern schließlich noch am nächsten.

Polizei, die

Diese Kollegen hätten auch unter »S« wie Schweine, arme aufgeführt werden können. Denn während alle anderen Anwesenden für ein paar Tage die gute Erziehung vergessen, dürfen sie das staatlich legitimierte Kindermädchen spielen. Nein, ich gebe dir meine Pistole nicht, komm von der Straße weg, spiel nicht mit Feuer, zieh das Mädchen nicht an den Haaren, nimm deine Dreckspfoten von meiner Uniform oder ich muss dich erschießen usw. Wie es so abgeht, wenn sich erwachsene Menschen zurück ins Vorschulalter saufen. Wobei es ja extrem erstaunlich ist, dass bisher noch nichts wirklich Schlimmes passiert ist. Kann nur eine Frage der Zeit sein, ist klar, aber bisher lautete das Fazit doch alljährlich wie folgt: Bis auf Fahrraddiebstahl keine besonderen Vorkommnisse. Obwohl ich mich langsam frage, welcher Vollidiot sich da Jahr für Jahr sein Fahrrad klauen lässt. Oder ist das jedes Mal ein anderer? Und wo fährt der Dieb damit hin? Ins Freibad, zum ▶Bier kaufen, ins Grüne, nach Hause? Es ist ja auch nie die Rede davon, dass die Räder wieder auftauchen. Liegen die alle auf dem Grund eines nahegelegenen Weihers? Oder sollte am Ende gar die Polizei hinter diesen mysteriösen Vorkommnissen stecken? Klauen sie die Dinger selbst, damit sie überhaupt eine Legitimation haben, in Wacken herumzulaufen? Vielleicht wollen die feinen Beamten nur bequem ein paar Überstunden sammeln, um diese zu einem günstigeren Zeitpunkt abzubummeln? Dazu passt, dass alle (!) in der zum 15. Jubiläum erschienenen offiziellen »Wacken History« interviewten Personen mit vollem Namen genannt sind, nur der Vertreter der Polizei lässt sich in diesem Buch mit »Herr Hesse« zitieren. Das stinkt doch meilenweit nach Pseudonym. Her(r)mann Hesse, ist schon klar. Warum nicht gleich Steffen Steppenwolf oder Gertrud Narziss-Goldmund? Wartet, meine grünen Freunde. Im nächsten Jahr schau ich euch genau auf die Finger, und wenn einer von euch auch nur in die Nähe eines Fahrrades kommt, dann meld ich das dem Bundeskriminalamt oder gleich Edward Snowden. Soweit sind wir noch nicht wieder, dass hier jeder Uniformträger machen kann, was er will!

Pyros, heiße

Es soll ja Leute geben, die im Rahmen eines Gigs mehr auf die Pyros denn auf die Mucke achten. Solche Exemplare hätten sich bei *Venom* anno 2000 sehr wohlgefühlt. Auf der anderen Seite gibt es Mucker, die nicht auf die Pyros achten, so wie ein gewisser Timo Kotipelto, ebenfalls im Jahr 2000. Der hat sich dabei höchstwahrscheinlich nicht sonderlich wohlgefühlt. Während des Singens (ausgerechnet den Song »S.O.S.«, kicher) kurz zum Handtuch gelangt, und schon stand die Flosse in Flammen. Das passiert *Venom* nicht, aber die sind ja auch mit dem Teufel im Bunde und benutzen zur Schweißentfernung zudem keine Frotteelappen, sondern ihre Wurstmähnen. 1:0 für Satan gegen den blonden Träller-Engel aus Lappajärvi, Finnland. Wir warten gespannt auf das Rückspiel. Aber besser ohne Flutlicht.

Ravioli, (Dosen-)

Die letzte Brücke zwischen dem zeltenden Wacken-Besucher vor Ort und der Zivilisation. Ravioli sind in Dosen verpackt recht handlich, passen in jedes noch so voll gepackte Auto und schmecken scheiße. Zumindest zu Hause, wenn man sie auf dem 2.300 Euro teueren Superherd mit atomarem Gar-Aggregat aufköchelt. Über einem Bunsenbrenner auf dem Campingplatz erhitzt, schmeckt der Mist wie Kaninchenpansen (und sieht nebenbei bemerkt auch so ähnlich aus). Trotzdem gehört die italienische Teigspeise zu den Klassikern auf dem Wackener ▶Campingareal, was einige Fragen aufwirft: Wo sind zum Beispiel die guten alten Schnittchen geblieben, die Muttern ihrem Sonnenschein früher immer in die Tasche gestopft hat? Und wenn es nur über die andere Straßenseite zum Kumpel war, ein Schnittchen musste mit. Heute hingegen kauen die vielen Augen beringten Gestalten notgedrungen auf lauwarmen Pasta-Imitationen herum, die zu allem Überfluss auch noch in den geschändeten Resten holländischer Tomatenduplikate herumschwimmen. Eltern sind halt auch nicht mehr das, was sie mal waren. »Wieso, gibt es denn auf dem Gelände nichts zum Essen?«, höre ich an dieser Stelle den einen oder anderen Frischling fragen, der noch nie auf dem W:O:A zugegen war. Doch, gibt es. Am besten unter ▶Döner und ▶Pizza nachlesen und dann gleich zwei Dosen Ravioli einpacken. Wacken zieht sich.

Reunion, sinnvolle

Ja, ganz bestimmt. Kicher ...

Roadshow, W:O:A

Was Ende des 19. Jahrhunderts das Kuriositätenkabinett war, hieß zwischen 2003 und 2006 W:O:A Roadshow. Dubiose Gestalten, natürlich angeführt von einem nimmermüden Onkel ▶Tom, wurden in miefigen Manegen dem sensationsgeilen Großstadtpublikum vorgeführt. Menschenwürde? Fehlanzeige! Die angeblich wieder entdeckten Originalwikinger *Amon Amarth*, Ralf Scheepers von *Primal Fear* als Dame ohne Unterleib, Sabrina Claasen von *Holy Moses* als Frau mit (der Stimme nach) zu viel Unterleib, die grauselig entstellten Monstermenschen *Lordi* und *Metalium*, die pro Kopf über 140-jährigen Methusalems von *Mob Rules* oder die singenden Gelbschwanzwolläffchen *Freedom Call*. Sie alle wurden aus irgendwelchen Heimen oder Zoos herausgekauft, um sich als lebende Werbeträger für ein Festival begaffen lassen zu müssen. »Hereinspaziert, hereinspaziert, die wahren Freaks gibt es nur hier!« Freundlicherweise wurde der rollende Zirkus schließlich von Menschen- und Tierrechtsorganisationen gestoppt. PETA sei dank!

Rock 'n' Roll, ist toll

Das W:O:A ist voll von Menschen, was bedingt, dass einem auch immer mal wieder persönlich bekannte oder unbekannte Vollottos über den Weg laufen. In der Regel zeichnen sich diese Geschöpfe durch einen gewissen Hang zur Laberei aus, und eh man sich's versieht, ist das eigene Ohr schon vor dem Frühstücksbierchen komplett abgekaut. Mittels der oben dargelegten Phrase lässt sich aber zumindest die geistige Gesundheit wahren, verhindert sie doch, dass man sich ernsthaft mit dem Gesprächspartner auseinandersetzen muss. Kommt die Person also mit Sätzen wie »Tolles Wetter heute«/»Früher war Wacken (alles) besser«/»Ich hab jetzt auch 'ne eigene Band am Start« rüber, einfach »Rock 'n' Roll ist toll« antworten. Das klingt gut, ist inhaltlich korrekt, völlig unverfänglich und hat einen leicht verwirrenden Einfluss auf den anderen. Zur Not ruhig zwei oder drei Mal wiederholen, irgendwann tut das Zaubersprüchlein seine Wirkung.

Sanitäter, philosophische

Ähnlich wie die Kollegen von der ▶Polizei, der ▶Security und dem ▶Zoll dienstlich (das Gegenteil von freiwillig) vor Ort. Sind dafür zuständig, die Kreislaufkranken zu kühlen, den Durstigen zu trinken zu geben, die Hungernden zu füttern, die Kaputten abzutransportieren und die endgültig Kaputten auf einer kleinen Wiese hinter dem Wackinger-Dorf zu verscharren. Bei Bedarf entfernen sie zudem Holzsplitter aus Fingern, pumpen alkoholisierte Mägen leer oder behandeln Platzwunden, die durch mehr oder minder überraschend durch die Luft fliegende Schweineköpfe hervorgerufen wurden. Manchmal haben die Sanitäter auch eine kleine Pause, dann nehmen sie sich einen Kaffee, zünden sich 'ne Fluppe an und lassen ihren Blick über das Gelände schweifen. Dabei denken sie: »Als ich nach dem schweren Seebeben Anfang 2005 als freiwilliger

Helfer in Kalmunai/Sri Lanka war, sah es gar nicht mal so anders aus. Allerdings war das Wetter besser, und es hat nicht gar so fürchterlich gestunken. Überdies wäre es natürlich schön gewesen, wenn der Tsunami wenigstens jene Typen mit ins Meer gerissen hätte, die für die Klingelton-Werbung auf Viva und MTV verantwortlich sind. Aber man kann halt nicht alles haben.« Dann gehen sie wieder in ihr Erste-Hilfe-Zelt zurück und geben einem 16-jährigen Headbanger eine Spritze für den Kreislauf. Das Leben kann manchmal ganz schön komisch sein ...

Security, glatzköpfige

Alle reden darüber, dass gesellschaftlich Benachteiligte eine faire Chance im Berufsleben verdient hätten. In Wacken wird nicht gelabert, da wird gemacht. Einmal jährlich im Juli sticht ein Mitarbeiter der W:O:A-Company in See, genauer Ostsee, macht in Stralsund seinen Kahn fest, tapert mit einem Schleppnetz bewaffnet in die lokale Arbeitslosenverwaltungsagentur, fängt ein paar dickarmige, kurzhaarige Männer vom Flur weg und schippert wieder zurück. Voila, die Security-Mannschaft steht. Klar, manch einer von denen hat noch nie was anderes als Plattenbauten gesehen und ist deshalb vielleicht ein bisschen überfordert, aber das pendelt sich im Laufe des Festivals meistens ein. Böse gucken können sie von Haus aus, fremde Menschen angeekelt betatschten heißt in Mecklenburg-Vorpommern Sex, und wenn es wirklich mal zur Schlägerei kommt, dann machen sich die Jugendlager der NPD endlich bezahlt. Dort lernt man zudem alles über Runendeutung, was denen weiterhilft, die den ▶Backstage-Bereich bewachen. Viele lustige Zeichen auf vielen bunten ▶Bändchen. Alles ziemlich kompliziert. Wer es mit dem Lesen nicht ganz so hat, darf im Bühnengraben seine sadistische Ader ausleben. Denn wenn der Crowdsurfer (für Meck-Pomms: Kraudsörfa) nicht bei zwei auf den Beinen und verschwunden ist, dann darf der Aufpasser das machen, was der Papa bei der Stasi und der Opa bei der Gestapo auch durften: eine freundliche Kurskorrektur vornehmen. Warum solcherlei Maßnahmen von den linksradikalen Bombenlegern gleich wieder als faschistisch eingestuft werden, verstehe wer will. Politik hat im Heavy Metal eh nix zu suchen.

Sparmarkt, und Konsorten

Wer einen Menschen mal so richtig aus vollem Halse wiehern hören will, der sollte sich am Wacken-Samstag nach Geschäftsschluss in die Büros der örtlichen Supermarktleiter begeben. Vielleicht verschieben die ihre Abrechnung aber auch auf den Montag nach dem W:O:A, weil sie am Wochenende vor lauter Lachtränen eh nichts sehen. Fakt ist, dass der Einzelhandel im Landkreis Steinburg Weihnachten kollektiv im August feiert. Türme aus Grillgut und Holzkohle recken sich vor den Läden gen Himmel. Europaletten ächzen unter der Last von Fantastilliarden Litern ▶Bier. So etwas kannte man bisher nur von Supermärkten, die in der Nähe eines Sozialamtes stehen und sich auf den großen Ansturm des Zahltages vorbereiteten. Dank Hartz IV ja nun Geschichte. Die organisierten Krämerkapitalisten aus dem hohen Norden juckt das nicht, die ordern auch weiterhin bereits im Juni Leckereien für den Festivalbesucher. Allerdings nicht beim offiziellen Zulieferer, sondern in der Ukraine, Weißrussland und von anderen Discountern, die kürzlich abgebrannt sind. Dosen angeditscht oder leicht angekokelt, Fleisch schimmert dezent grünlich? Völlig egal, ab in den Verkaufsraum und warten, bis die Verrückten kommen. 3...2...1...meins! Jedes Teil ein Unikat, Konsumieren auf eigene Gefahr. Und es kann nur eine Frage der Zeit sein, bis sich die üblichen Marktinstrumente aus der Vorweihnachtszeit auch hier durchsetzen. Leicht modifiziert, versteht sich. In den Schaufenstern stehen kleine Puppen in Lederjacke und rufen nicht »Hohoho«, sondern »Moshmoshmosh«, aus den Boxen dröhnt *Napalm Death* und selbst die Durchsagen der Angestellten passen sich der besinnlichen Zeit an. Statt: »Die 18 bitte auf die 4, die 18 bitte«, erklingt: »Helga, wenn du deinen fetten Arsch nicht sofort vom Klo hebst und hier die zweite Kasse öffnest, dann komm ich da rein. Vor mir stehen ungefähr 30 Zottelviecher, und die Hälfte von denen riecht wie das, was du gerade machst.« Na denn, fröhliche Wackenachten!

Stroh, rettendes

Bezeichnet ausgedroschene und getrocknete Halme, die, neben ihrem Zweck als Futtermittel für Vegetarier (Bodenhaltung) oder Baustoff, auch als Einstreu verwendet werden. Mit anderen Worten: Bauern schmeißen Stroh unter Kühe und Rinder, damit die nicht auf die Fresse fallen oder mit ihren Ausscheidungen das Grundwasser kontaminieren. Genauso läuft es auch immer wieder in Wacken, wenn der große Regen das Gelände in einen Trainingsparcours für Schlickschlittenfahrer verwandelt. Wenn ungezählte Schuhe, Netzstrümpfe und Holzbeine im Schlamm steckenbleiben, sodass jeder vernünftige Mensch mit einem Abbruch rechnet, dann tauchen sie am Horizont auf: die Bagger of Barmherzigkeit samt ihren Verbündeten, den Treckern of Terrorbekämpfung. Mit monströsem Getöse fressen sich diese Galionsfiguren der hoch technisierten Landwirtschaft durch den ▶Matsch, um ihre erlösende Fracht abzuwerfen. Endlich Stroh, endlich fester Halt, Wacken ist gerettet. Ungefähr fünf Minuten nach dieser logistisch aufwendigen Aktion hat die Sonne den Boden traditionell erst ausgetrocknet und dann festgebacken, was das Manöver im Nachhinein vielleicht überflüssig erscheinen lässt. Stimmt aber nicht, denn im Vorgriff (!) auf die zu erwartende

Unwetterkatastrophe erhöhen die schlauen ▶ Veranstalter bereits die Bierpreise (!!), um den schnellen wie extrem teuren Zukauf von Stroh auf dem Weltmarkt finanziell abzufangen. Warum selbiges dann nicht bereits vor dem Festival auf den Acker geworfen wird, bleibt ein Mysterium. Wahrscheinlich hofft man im Wacken Office grundsätzlich auf eine spontane Wetterbesserung, um die Ballen dann bei Ebay (»Stroh wie neu; OVP«) zu verticken und so doppelt zu kassieren. Tja, den Kapitalismus in seinem Lauf hält weder Hübner noch Jensen auf ...

Tiere, der Umgebung

Zoologen, die im letzten Jahr kurz vor Beginn des W:O:A in Geländenähe das Liebesleben der Mistkäfer studierten (für die Perversen: die Paarung dauert durchschnittlich mehrere Stunden), machten zufällig eine seltsame Entdeckung: Zugvögel treten ja für gewöhnlich im Spätherbst ihre Reise in wärmere Gefilde an, in Wacken setzt bereits Mitte Juli der große Flüchtlingsstrom ein. Kohlmeisen, Rotkehlchen und Haubentaucher sehen zu, dass sie Land gewinnen, Hirsche treiben ihre Rehe in Richtung Hamburger Flughafen, und selbst der Dachs, dieser robuste Kamerad, packt seinen Rucksack, schließt seinen Bau ab und macht 'nen flotten Schuh. Die wenigen Viecher, die bleiben, gucken spätestens beim ersten Soundcheck dumm aus der Wäsche. Denn wenn man sich vorstellt, dass die meisten Tiere über ein vielfach besseres Gehör als wir Menschen verfügen, mag man sich lieber nicht vorstellen, was bei denen ein einziger offener Gitarrenakkord auslöst. Manche Gattungen haben zudem eine Art eingebautes Erdbebenfrühwarnsystem, das mit Sicherheit dann ausgelöst wird, wenn 50.000 Bekloppte zeitgleich durch die Gegend trampeln. Und dass die meisten Vier-, Sechs- und Achtbeiner besser sehen können als der Homo Sapiens, ist eh klar. Was sich eine Eule denkt, die den Adler von *Saxon* am

Horizont erblickt, entzieht sich der Kenntnis des hier schreibenden Hobbybiologen. Wahrscheinlich wäre: »Oh, haben wir schon wieder Apokalypse.« oder »Hähä, das passiert, wenn ihr neunmalklugen Menschen genetisch manipulierten Weizen anbaut.« Vielleicht denkt eine Eule aber auch gar nichts, womit sie in den lustigen Tagen von Wacken bei weitem nicht alleine dastehen (bzw. -sitzen) würde.

Tom, Onkel

Eine Sagengestalt ähnlich der ▶Helga, allerdings mit zwei großen Unterschieden. Erstens ist dieser, der Familie der Waldgeister zuzuordnende Riesengnom, trinkfester als jede andere bekannte Sagengestalt, und zweitens taucht er fast jedes Jahr auf dem Wacken Open Air auf. Die Legende besagt, dass sich der Holzfäller Thomas in einer Augustnacht im Jahr 1516 in der Umgebung des heutigen Festivalgeländes verlief und in seiner Not den Teufel um Hilfe anflehte. Der hatte aber gerade einen Termin bei der Nagelpflege, weshalb er seine Vertreterin, das Fräulein Alice Cooper, schickte. »Was willst du, Wicht?«, sprach die Dämonin. »Hilf mir, nach Hause zu kommen«, flehte der Holzfäller, »ich tue, was du willst.« »Haha«, lachte die Cooper dreckig, »das hört sich doch gut an. Ich führe dich sicher heim, wenn du mir ein Kind machst. Haha.« Dazu muss man wissen, dass die gute Alice alles andere als eine Schönheit war. Schiefe Zähne, Falten mit einem Spaltmaß von sieben Zentimetern in der Fresse, undefinierbare Flecken am Mundwinkel, Schlangen auf dem Kopp und so weiter. »Wenn es weiter nichts ist«, sagte der Holzfäller, der im heimischen Wohnzimmer auch nicht gerade eine Miss Germany sitzen hatte und dementsprechend abgehärtet war. Zack, schon machten sich beide nackig, und der Holzfäller Thomas stieg über die Dämonenmutti drüber. Am ersten Jahrestag der massiv befleckten Empfängnis (ich verzichte auf Details) erschien am Ort der Begattung ein Riesengnom wie aus dem Nichts und stolperte durstig über das Gelände. Die Dorfbewohner sahen ihn schon von weitem, sperrten Gartentor und Speisekammer ab und beteten ein schnelles Aktien Pilsner Unser. Schrille Schreie, Engel starben, der personifizierte Ausbruch des Bösen stand vor der Tür. Seit diesen Tagen kehrt das Wesen, das von irgendwem auf den Namen Onkel Tom (steht für: Trinken ohne Mengenmaß) getauft wurde, alljährlich am ersten Augustwochenende zurück an die Stelle seiner Erschaffung, säuft alles aus, was nicht bei drei von alleine verdunstet ist und schreckt auch nicht davor zurück, gemeinsam mit der örtlichen Feuerwehrkapelle den volkstümlichen Gruselkasper zu machen. Seltsam? Aber so steht es geschrieben.

Udometer, das

Dieses Gerät misst nicht die Schreifrequenz des schon wieder mal und dann doch nicht und jetzt aber echt nie wieder *Accept*-Sängers und zeigt auch nicht an, wann dem dicken Mann im Tarnanzug vor lauter Grölerei endlich die Birne platzt. Vielmehr ist das Udometer ein Regenmesser und in Wacken äußerst hilfreich. Flugs vor dem Zelt aufgebaut und schon kann der meteorologisch bewanderte Headbanger des Morgens ablesen, wie viel Regen in der Nacht gefallen ist. Aus diesem Basiswert lassen sich, ein bisschen Rechenfähigkeit und Logik vorausgesetzt, weitere Daten ableiten. Zum Beispiel diese hier: Wo bin ich? Wo ist mein Zelt in der Nacht hingeschwemmt worden? Wie viel Kubikmeter Schlamm liegen derzeit zwischen mir und dem Infield? Wie tief ist mein Auto im Schlick versunken, wann zieht mich ein freundlicher Bauer wieder raus, und warum kassiert der Schweinehirte dafür bei mir 20 Euro ab, obwohl er von den ▶Veranstaltern bereits bezahlt wurde? Wer meint, ohne solche Infos heil über ein Wacken Open Air-Wochenende zu kommen, der soll es ruhig versuchen.

Urin, viel

Wenn bei Wacken die gelbe Sonne im Acker versinkt,
Und der Boden ringsum bereits fürchterlich stinkt,
Ziehen die Pisser mit vollen Blasen nicht mehr aufs Klo hinaus,
Nein, sie tröpfeln sich an Ort und Stelle aus.

Rudi Schuricke möge die kleine Anlehnung an seine »Capri Fischer« verzeihen, allerdings geht es hier um etwas elementar Wichtiges, und deshalb ist das Zitieren des wahrscheinlich ersten deutschen Schlagers überhaupt gerade gut genug. Fragt man einen Blinden, welchen Geruch er mit dem W:O:A in Verbindung bringt, so wird er wohl folgendes sagen: ein Teil Schweiß, ein Teil Zigarettenqualm, je ein halbes Teil Leder und verkohlte Bratwurst, drei Teile abgestandenes ▶Bier und siebenundzwanzigkommafünf Teile Urin. Was uns immerhin die erfolgreiche Einführung eines Wacken-Rasierwassers, Deorollers oder der W:O:A-Handseife in Form von Büffelköpfen erspart. Diese Duftnote ist definitiv nicht vermarktbar, ja sie ist schon vor Ort kaum erträglich. Auf dem Gelände gibt es vier Zentren der konzentrierten Geruchsbelästigung, wobei die ▶Dixis ja bereits ausführlich behandelt wurden. Deshalb ein schnelles Wort zu den Piss-Pilzen, die vor einigen Jahren plötzlich aus dem Boden vor der Party-Stage emporschossen, seit 2005 aber leider wieder verschwunden sind. Warum denn das? Diese Orte waren stets ein Quell überschäumender olfaktorischer Sinneserlebnisse. Spätestens am Freitag suppte der wässerige Lebenssaft links und rechts aus dem Abort, so dass die Ausgabe von Schwimmflügeln zwecks Benutzung dringend notwendig erschien. Am Samstag waren Bands, die auf der Party-Stage spielten, nur noch dann genießbar, wenn man sich angezündete Zigaretten in die Nasenlöcher stopfte. Andernfalls wurde einem schnell gelb vor Augen und zwei nicht minder gelbe Engel geleiteten den komatösen Headbanger in das ewige Reich der Erleichterung. Dorthin, wo Pampers mit Ultrasaugstoffkern an den Bäumen wachsen und gebratene Granufink-Kapseln durch die Luft fliegen. Kurzum, die Dinger müssen wieder an ihren Platz, aber pronto! Links von der linken Hauptbühne (da wo der rechte Daumen bei offenen Handflächen rechts ist, nur andersrum) wurde dereinst die nicht minder appetitliche Pissrinne mit angeschlossenem Klohäuschen installiert, und zumindest die Rinne hängt da bis heute. Das Häuschen war schon nett, schließlich gewährte es bei geöffnetem Fenster einen Blick auf die tobenden Fanmassen. Die Pissrinne allerdings ist bei fortgeschrittener Dauer der Veranstaltung ebenfalls nur noch schwimmend zu erreichen, wobei mich persönlich der stete Abfluss des Körpersaftes in Richtung Getränkeausschank immer etwas nervös macht. Wer allerdings einmal beobachtet hat, wie einem betrunkenen Kollegen (und das ist eine reale Begebenheit aus dem Jahr 2004) der leere Becher in die 80 Zentimeter Hochwasser führende Rinne fällt, dieser das Behältnis wieder herausfischt und damit zwecks Pfandeinlösung zur nächstgelegenen Bierbude tapert, dem wird das nicht den Durst verderben. Zumal die Becher in Wacken nur gründlich gereinigt an den nächsten Kunden weitergegeben werden. A+*``U&jf>f+.... Tschuldigung, kleiner Lachanfall. Richtig dufte geht es auch an den begrünten Rändern der Zufahrtswege zum Haupteingang zu. Hier dürfte es in drei Tagen mehr Niederschlag geben als das ganze britische Empire im Jahr schlucken muss. Außer Löwenzahn (im Bergischen Land ja auch Pissblume genannt) wächst da gar nichts mehr, die restlichen noch anzutreffenden Pflanzen sind schon vor Jahren in Schockstarre verfallen. Dem Harngedrängten bleibt auf dem Weg vom Zelt zum Platz zum Zelt allerdings auch nicht viel mehr, als sich in die Restbotanik zu erleichtern, was den engen Pfaden ein sehr eigenes Bouquet verleiht, das sich über das Jahr hinaus wohl auch nicht mehr verzieht. Sollte hier mal zufällig eine Gruppe blinder Grundschüler an einem warmen Tag im Mai hindurchspazieren, dann dürfte das für einige Verwirrung sorgen. So nach dem Motto: »Papa, hol mich ab. Frau Lorenz scheucht uns durch die Kanalisation.« Jede Wette, dass das einen interessanten Elternabend gibt.

Veranstalter, glorreiche

(das Wort Halunken gegebenenfalls bitte selber dazu denken)

Heißa, wer so viele Querverweispfeile hat, muss ein Quell verarbeitungswürdiger Informationen sein. Also, Holger Hübner und Thomas Jensen hängen sich voll rein, sind immer im Stress und verdienen damit ordentlich ▶Geld. Hm, so viel war es dann doch nicht.

Verhalten im Ernstfall, richtiges und falsches

Bei Regen und sintflutartigen Superstürmen wie 2012

Falsch: Schutz unter einer der Bierbuden suchen. Nass werden ist schlimm, bei lebendigem Leib zerquetscht werden aber eindeutig schlimmer. Macht auch unschönen zusätzlichen Dreck, den hinterher keiner wegräumen mag.

Richtig: Mitten auf dem Gelände stehenbleiben und auf Gott schimpfen. Interessiert den (sofern vorhanden) wahrscheinlich nicht besonders, befreit aber und ist ziemlich rebellisch.

Bei Hitze

Falsch: Mütze aufsetzen, mit Sonnencreme einreiben, viel Wasser trinken, wenig bewegen und sich im Schatten aufhalten. Das hier ist Wacken und nicht der Baggersee von Hankensbüttel.

Richtig: »Fuck the sun« (gelernt bei Maniac von *Mayhem* auf dem Wacken 2004), »It's too fuckin' hot here« (Abbath von *Immortal* auf dem Wacken 2002) oder »Fuck the sun, hail Satan!« (Danko Jones anno 2006) brüllen, mit Schweineköppen schmeißen und cool aus der bis obenhin zugeknöpften Lederjacke gucken. Anschließend in der Nähe des ▶Sanitäterzeltes mit Hitzschlag zusammenbrechen und was von schlechten Drogen faseln. Sehr gut fürs Image.

Bei Massenpanik

Falsch: Versuchen, einen der Notausgänge zu erreichen. Das machen alle. Der echte Metal-Head ist aber kein Herdentier, sondern auch im Angesicht des Todes Individualist.

Richtig: Notausgänge verbarrikadieren, zertrampelte Kollegen auf Wertsachen und Bargeld abklopfen, die Merchandise-Stände plündern, im Vorbeigehen noch ein Freibier mitnehmen und dann in aller Ruhe die nahenden Rettungskräfte einweisen. Wenn die ihre Arbeit aufnehmen, Krankenwagen kapern und nach Dänemark absetzen. Unterwegs zur Abrundung eventuell auf Polizisten und/oder unbeteiligte Passanten schießen.

Bei Langeweile

Falsch: Gameboy/Smartphone rausholen und »Super Mario löscht alle Orchestersounddateien vom *Rhapsody Of Fire*-Rechner« spielen.

Richtig: Schniedel rausholen (falls angewachsen und groß genug) und einen Bandnamen in den Matsch pinkeln, den die Umstehenden erraten müssen. Trainiert die Prostata, fördert die Kontaktaufnahme mit fremden Metallern und ist ansatzweise true.

Limp Bizkit sind Headliner

Falsch: In der ersten Reihe stehen und mit Scheiße schmeißen.

Richtig: Gar nicht erst anreisen.

Wacken, Kreis Steinburg/Schleswig-Holstein

Geschichtsinteressierte werden sich vielleicht schon mal gefragt haben, warum ausgerechnet ein kreuzhässlicher Frosch das Wappen der Gemeinde Wacken ziert. Nun, die Antwort liefert die Homepage www.wacken.de. Und noch so einiges mehr. Zuerst gilt es festzuhalten, dass das Wappentier gar kein Frosch ist, sondern eine von drei Gürtelschnallen aus der Bronzezeit, die als bedeutendster Fund in der Geschichte der Zwergmetropole gelten. Na großartig, da hat 1400 v. Chr. also ein fliegender Händler (»Wolle Gürtel kaufen?«) eine Rast im freien Feld eingelegt, ein bisschen was von seinem Schund verloren und schon ist Alarm im noch nicht gebauten Fischerdorf. Denn es soll lumpige 2.548 Jahre dauern, bis der Ort Wacken erstmals urkundlich erwähnt wird. Herzog Ferdinand Karl zu Clausewitz schrieb damals an seinen Vetter Horst von Hessen: »Bin heute im hohen Norden durch ein 2-Häuser-Dorf namens Wacken geritten. Gestunken hat's für zehn.« Dann ist wieder 713 Jahre Ruhe (okay, Oma Meier stirbt an 'ner Heringsallergie und drei Kinder werden geboren, aber sonst ...), bis 1861 der Grundstein für die Heiligen-Geist-Kirche gelegt wird. Dadurch steigt Wacken zum Mittelpunkt aller Plumpsklos im Umkreis auf, und die Einwohnerzahl vervielfacht sich (von 17 auf 18 auf 19 usw.). Wiederum nur 106 Jahre später erklärt Knut Kiesewetter die Gemeinde zum ländlichen Zentralort. Heißt auf Deutsch, Wacken gehört ab jetzt zur Ostzone, bekommt aber zumindest im Ortskern Elektrizität, womit die Gaslaternen auf der Straße der Vergangenheit angehören. So kann das Gehalt des Nachtwächters eingespart und in eine Kindertagesstätte, einen Sportplatz und ein Schwimmbad investiert werden. Kurz bevor alles zusammenbricht, wird 1989 wiedervereinigt. Ändert zwar nichts daran, dass nun endgültig alles zusammenbricht, aber wenigstens sind die Menschen wieder frei. Diese Freiheit nutzen skrupellose Investoren (siehe ▶Werbung), die flugs das härteste, schnellste und lauteste Heavy Metal-Festival der Welt installieren, bevor die Einwohner das Wort Marktwirtschaft überhaupt buchstabieren konnten. Und daran hat sich bis heute nichts geändert, weshalb die desillusionierten Eingeborenen Flucht im trivial-lokalen Unterhaltungsprogramm suchen. Zerstreuung bietet der gemischte Chor »Mensch und Schaf« (singen laut Homepage auch Popsongs), der Angel-Sportverein Früh-Auf-Spät-Heim (angemessene Kleidung wie Pyjama oder Nachthemd erbeten), der Spielzeugauto-Klub Holsteiner Flundern paniert sowie der Ortsbauernverband, in dem wöchentlich darüber gestritten wird, ob die Runkelrübe nun mit der Hand (traditionelle Sichtweise) oder doch via Scheibenrad-Wurfhäcksler (progressive Sichtweise) gerodet werden muss. Öffentliche Hinrichtungen sind im ganzen Gebiet seit 2012 verboten, Kapitalverbrechen wie unehelicher Beischlaf oder Manipulation an Nachbars Traktor werden demnach nur noch mit lebenslanger Haft im Hungerturm bestraft. Doch keine Angst, lebenslang heißt in diesem Fall: keine vier Wochen. Kommunale Partnerschaften bestehen mit dem belgischen Ort Wakken (nein, wie originell!), der Fliegenden Abteilung des Heeresfliegerregimentes 6 Hungriger Wolf Hohenlockstedt (echt wahr!) sowie der Trinkhalle Dortmund West (bei Rosi klingeln). Die medizinische Versorgung ist ebenfalls gewährleistet, wobei die Nachfrage hier das Angebot bestimmt. Ein Arzt und vier Tierärzte, was soll man dazu sagen? Wer sich dem speziellen Charme dieser glitzernden Einöde nicht länger verwehren mag, sollte schnell zuschlagen, denn es gibt nur noch einige wenige günstige Baugrundstücke. Black Metaller können übrigens auch ein Hünengrab beziehen, die stehen hier schon ziemlich lange in der Gegend rum und sind den Umständen entsprechend gut erhalten. Abschließend erhält Bürgermeister Axel Kunkel (Nein, kein Kommentar zu diesem Politikernamen.) das Wort, der in seiner Festschrift zum 15-jährigen Bestehen des W:O:A feinsinnig anmerkte: »Dieses Festival hat einen besonderen Charme.« Ihr Ort auch, Herr Bürgermeister, Ihr Ort auch.

Wackingerdorf, das

Anno 2010 haben die ▶Veranstalter messerscharf erkannt, dass die meisten Besucher immer noch hauptsächlich wegen dieser grässlichen Musik aufs Gelände kommen. Deshalb wurde auf einem Nebenacker das Wackingerdorf eingerichtet. Hier gehen Wikinger und Mittelaltermarkt eine Symbiose ein, die sich weder historisch noch sonst wie erklären lässt. Macht aber nichts, denn es gibt lustige Fress- und Spielbuden, lustige Kostüme, eine zusätzliche (lustige) Bühne, auf der Komödianten ab morgens um sieben die schönsten Texte von Fips Asmussen rezitieren und lustige Menschen, die fragen, wann denn endlich das Riesenrad, die Wasserrutsche und das Kettenkarussell aufgebaut werden. So langsam kommt sich »Rock am Ring« wahrscheinlich wie ne Underground-Veranstaltung vor.

Wasser, durchsichtiges

Ist in manchen Teilen der Erde ein rares Gut. Vor allem in West-, Ost-, Zentral- sowie Süd-Afrika (abzüglich Südafrika, aber zuzüglich Swaziland), diversen unmotiviert in der Gegend herumliegenden Wüsten, spontan entstandenen Naturkatastrophengebieten und in Wacken. Ja, da darf der unbedarfte Leser sich ruhig am Kopf kratzen und fragend auf den Wasserhahn in der Küche zeigen. So gut hat es der negroide Araber oder ein Wacken-Besucher nämlich nicht. Ganz egal, ob Wüstensohn oder Zeltplatzbewohner, sie alle kämpfen an besonders heißen Tagen gegen den (Nach-)Durst und somit gegen ihren eigenen Körper, der dem Darbenden gerne mal einen Streich in Form einer Fata Morgana spielt. Wie wir bei Sindbad gelernt haben, sieht die in der Wüste immer so aus: drei Palmen, zwei Kamele, ein Tümpel und vielleicht noch ein paar geheimnisvolle Schönheiten, die dem zufällig vorbei kriechenden Todgeweihten einen silbernen Teller voll einheimischer Spezialitäten (Datteln, Ka(ra)mel(l)pudding, Grünkohl mit Pinkel etc.) anbieten. In Wacken hingegen erscheint dem trocken Bekehlten nicht mehr als eine funktionierende Waschstation samt trinkbarem Nass am Horizont, doch wenn er am fixierten Punkt angelangt ist, lacht das Kamel, und der Headbanger wundert sich. Zwar ist die olle Wanne samt Feuchtelementverkabelung (ostzonal für: Wasseranschluss) noch da, funktionstüchtig geht aber irgendwie anders. Die ▶ Veranstalter verweisen in diesem Zusammenhang gerne auf randalierende Festivalbesucher, was angesichts der Dichte (...) an temporär Unzurechnungsfähigen durchaus im Bereich des Möglichen liegt. Viel wahrscheinlicher ist allerdings, dass die sauberen Herren vom Vorstand bereits von vorneherein defekte Apparaturen installieren, um hintenrum die Kosten zu drücken und vorne rum die 20 Euro Preiserhöhung pro Karte fürs nächste Jahr zu rechtfertigen. Unschön, doch es geht noch dreister. Nicht nur einen läppischen Vogel, sondern gleich einen ganzen Schwarm trächtiger Flugenten (polnisch) schoss nämlich die zuständige Firma »Sani Service Team« ab, als sie im Jahr 2002 die Beschwerde eines Campingplatzbewohners wie folgt beantwortete: »Das Wasser ist immer etwas braun in der Region, das hängt mit dem hohen Eisengehalt zusammen.« Zur Überprüfung dieser These begeben wir uns ohne zu zögern auf die Homepage des Wasserverbandes Süderdithmarschen und stellen fest, dass der Eisengehalt in der Region bei 0,02 mg/l liegt, wobei die Skala von 0,01 mg/l (Bestwert) bis 0,2 mg/l (Grenzwert) reicht. Ähem, »Sani Service Team«, hat da jemand die Tabelle verkehrt herum gelesen? Oder vielleicht eher nicht gelesen und stattdessen einfach nur ein bisschen Sülz verbreitet? Oder habt ihr am Ende gar einen Azubi abgestellt, der das böse Eisen aus dem Wasser höchstpersönlich rausgesaugt und in einen Eimer gespuckt hat? Alles denkbar. Manches mehr, manches weniger.

Werbung, keine

Sponsored by nobody! Okay, verschämt präsentiert von Axel Springers Metal Hammer, ein ganz klein bisschen unterstützt von Jim Beam und Prince, und die Riesenflagge von EMP hängt wirklich immer nur deshalb am Technikturm, weil es sonst reinregnen würde. Coca-Cola ist ja auch ein kommunistisch geführtes Unternehmen, wenn man von der privaten Gewinnerzielungsabsicht, den Millionengehältern für die Manager und dem angewandten Hire-and-fire-Prinzip für die Schichtarbeiter absieht. Ist schon klar, es will sich niemand am Wacken Open Air bereichern, wir sind ja alle froh, wenn es am Ende plusminus null ausgeht. Die große Heavy Metal-Familie und so. Oh, liegt da unten ein Scheck von Nuclear Blast, damit noch schnell fünf C-Klasse-Bands von denen aufs Billing rutschen können? Tja, da vergammeln über den Daumen gepeilt 20.000 CDs von diesen Krücken im schwäbischen Lager, und die müssen ja irgendwie in den Wirtschaftskreislauf eingeführt werden. Und wenn es nicht anders geht, dann halt mit Überpräsenz auf jedem europäischen Festival, bis auch der letzte Banger aus Mitleid eine Platte nach Hause geschleppt hat. Ist wieder Platz für neuen Schrott. Nein, das ist kein Unsinn, sondern Marktwirtschaft, die sich in Wacken wirklich gaanz langsam eingeschlichen hat, so dass sie kaum jemand bemerken konnte. Puh, langer Text. Jetzt erstmal eine dänische Fluppe rauchen, die Bild lesen und vielleicht einen Whiskey heben. Mmh, lecker. Kommt der von den saftigen, mit Bluegrass bedeckten Hügeln Kentuckys?

X, für ein U

Lässt sich der Wacken-Fan nicht vormachen. Nein, da werden an jede Band große Qualitätsansprüche gestellt, und nur wenn die Leistung überzeugend war, gibt es Applaus. Zufällig ist aber jede Band, die auf dem W:O:A spielt, so was von überzeugend, dass durchgehend gejubelt werden kann. Völlig egal, ob *Metalium* mal wieder irgendeine Geschichte aus 'nem Knax-Heftchen vertonen oder *Eisregen* ihr neues Konzeptalbum über Brustnippelkrebs vorstellen, alles knallt die Patschen zusammen, wie ein Rudel Seehunde im Zoo von Wuppertal. Schön für die Künstler, fürs Publikum auf Dauer jedoch sehr eintönig. Ein erster Schritt in die Gegenrichtung wurde 2004 unternommen, als man Jutta Weinhold zu (im Verhältnis gesehen) später Stunde auf die klatschgeilen Massen losließ. Da blieb manchem Jovialjubler der Beifall auf halber Strecke im Ärmel stecken. Wenn jetzt demnächst noch die italienischen Powerstümper von *Nightcloud*, den Hardrock-Hasen Harald oder gar *Star Queen*, das bulgarisch-finnische Konglomerat des Prog-Grauens, verpflichtet werden könnten, wäre das zu schön. Und ich hätte da auch noch einen Headliner für die Main Stage: Freitagabend, 22 Uhr, 35.000 Fans halten präparierte Plastikflaschen und ▶Matschklumpen bereit. Die Luft zittert vor Spannung. Das Intro läuft. Volles Licht, die PA aufgedreht für: *Wykked Wytch*. Und wer dann noch klatscht, wird ohne vorhergehende amtsärztliche Untersuchung in die nächste Nervenheilanstalt eingeliefert.

Xanthelasma, das

Medizinischer Ausdruck für einen gelben Fleck am Augenlid. Könnte man bekommen, wenn man zuviel von der ▶Pizza oder dem ▶Döner isst oder in der ersten Reihe steht und die Spucke von Chris Boltendahl abbekommt. Hat ansonsten rein gar nichts mit Wacken zu tun, ist aber ein schönes Wort.

Yggdrasil, wild wuchernd

Ja, da fahren wir Metaller drauf ab. Germanische Mythologie, Götterdämmerung, ganz großes Kino. Denen, die sich bisher nicht für diesen Plumperquatsch erwärmen konnten, sei erklärt, dass Yggdrasil die Weltenesche ist. Unsere Erde ist also weder Scheibe noch Kugel, sondern ein Stück Grün, auf dem ein Baum steht. Dieser wird von drei Wurzeln gehalten, von denen eine zu den Menschen reicht, eine zu den Riesen (zu wem auch sonst) und eine steht über Niflheim, was nicht in der Nähe von Eisenhüttenstadt liegt, wie man bei dem Namen vermuten könnte, sondern die nebelige Unterwelt bezeichnet. (obwohl, passt ja doch ganz gut zu Eisenhüttenstadt). Die Zweige dieser Zauberesche wölben sich über den Himmel, damit es bei den von *Amon Amarth* besungenen Nornen nicht reinregnet. Soweit die Mythologienachhilfe, kommen wir zu den Fakten: Das Ding existiert wirklich, steht auf Campingfläche D (dritte Esche von links), und wenn noch ein Metaller dagegen pinkelt, fällt das Ding um und die Welt geht unter. Nur mal so zur Info ...

Ymir, der

Na, immer noch nicht genug von germanischer Mythologie? Von mir aus, bitte. Der Riese Ymir ist das Urlebewesen, quasi Adam und Eva in eins, nur hässlicher, weil mit sechs Schädeln ausgestattet. Weil sechs Köpfe sehr viel Hunger haben, musste sich die Urkuh Audhumbla ganz schön ins Zeug legen, um das aus Eitertropfen, Eistropfen oder Eiertropfen (je nach Übersetzung) erwachsene Monster zu ernähren. Hat angeblich geklappt, war aber sinnlos, denn Odin und ein paar Kumpels kloppten den bösen Riesen irgendwann zu Matsch und formten aus seinem Leichnam die Welt wie wir sie heute kennen. Toll, aber leider von den Asiaten geklaut. Denn dort zerhäckselte der babylonische Gott Marduk seine Drachenmama Tiamat, um aus dem Echsengulasch Himmel und Erde zu kneten. Na, kann die werte Leserschaft die Parallele zum W:O:A ziehen? Nein? Ich auch nicht. Es gibt halt einfach zu wenige Wörter mit Y.

Zehn Gebote, modifizierte
1. *Du sollst nicht andere Festivals haben neben mir.* Denn wenn du deine Kohle in Balingen oder Gelsenkirchen zum Fenster rauswirfst, kannst du dir die Karte für Wacken nicht mehr leisten. Von unserem überteuerten Merchandise-Scheiß (wie zum Beispiel den Toaster mit eingebautem Weißbrotbrandzeichner) gar nicht zu reden.
2. *Du sollst dir kein Bildnis, noch irgendein Gleichnis machen.* Akzeptiere das, was wir dir vorsetzen und frage nicht, wieso und warum. Du bist eh zu behämmert, um die komplizierten Abläufe einer Festivalorganisation zu begreifen.
3. *Du sollst den Namen des Festivals nicht unnützlich führen; denn die Herren über Wacken werden die nicht ungestraft lassen, die seinen Namen missbrauchen.* Denk nicht mal dran, deine private Geburtstagsfete mit irgendeinem unserer geschützten Warenzeichen zu versehen. Ansonsten jagen wir dich durch alle Instanzen bis zum Jüngsten Gericht.
4. *Du sollst den Festivaltag ehren.* Und wenn wir noch drei Tage dranhängen, eine »Night Before The Night To Remember« oder was auch immer uns einfallen möge. Sei glücklich, bei uns sein zu dürfen, und jammere nicht über die bescheidenen Verhältnisse vor Ort. Anderen geht es im Übrigen noch schlechter als dir (zum Beispiel: Uganda, Sundabarns-Inselgruppe, Nicaragua).
5. *Du sollst deine Väter (Thomas Jensen, Holger Hübner) und deine Mutter (Sheree Hesse) ehren, auf dass dirs wohlgehe und du lange lebest auf Erden.* Das Forum auf unserer Homepage ist mithin da, um uns zu preisen, und nicht, um Schmähungen loszuwerden. Wie alt du wirst, ist uns eigentlich wurscht, solange du nicht auf dem Festivalgelände tot zusammenbrichst. Das gibt schlechte Presse.
6. *Du sollst nicht flöten.* Denn die Blockflöte ist ein Instrument des Satans. Wer sie auf dem Gelände bei sich führt, wird exkommuniziert und für vogelfrei erklärt. Ausnahme: das Wackinger-Dorf.

7. *Du sollst nicht ehe(r)brechen, als dass du 7 Liter ▶Bier getrunken hast.* Denn auch die Händler wollen leben beziehungsweise erst mal die horrende Standgebühr an uns bezahlen.
8. *Du sollst nicht stehlen.* Vor allem nicht, was uns gehört. Das ist in Wacken praktisch alles, also lass die Hände am besten gleich in der Tasche, du elender Strauchdieb (ja, auch die Sträucher gehören uns!).
9. *Du sollst nicht falsch Zeugnis reden wider deinen Nächsten.* Wirst du also gefragt, wie dir das letzte Wacken Open Air gefallen hat, so sprich voll Begeisterung von einem fantastischen Event, auch wenn es drei Tage geschüttet hat und als Headliner wieder nur die Jungfrau Doro Pesch erschienen ist. Wacken ist per se immer toll, merk dir das!
10. *Du sollst nicht begehren deines Nächsten Zelt.* Neid, Missgunst und Gier passen nicht zu einem Festivalbesucher. Solcherlei Charakterzüge bleiben einzig den ▶Veranstaltern vorbehalten.

Zehn Sätze, die man als Besucher in Wacken nicht hören möchte

1. Bevor die zehn Hektoliter Clausthaler nicht alle sind, schenk ich kein ▶Bier aus.
2. Uh, sieht nach Regen aus.
3. *Iron Maiden*? Die haben schon vor zwei Stunden auf der Bühne da hinten gespielt.
4. Hast du gerade aus meiner Flasche getrunken? Sorry, ich hab Magen-und-Darm-Grippe.
5. Kann es sein, dass ich dein Portemonnaie vor 'ner halben Stunde auf dem Tresen der Bratwurstbude vor dem Metal Market gesehen habe?
6. Ob ich mich traue, dem Typen hier vor mir aufs T-Shirt zu kotzen? Klar!
7. Psst, ich hab gerade den Jensen belauscht und weiß jetzt, wer nächstes Jahr Headliner ist: *Saxon.*

8. Wo ist eigentlich dein Festivalbändchen?
9. Korrekt, in der Richtung, wo gerade der schwarze Rauch aufsteigt, steht unser Zelt. Ob ich den Gaskocher ausgemacht habe? Welcher Gaskocher?
10. Der Fahrer des Wagens mit dem amtlichen Kennzeichen AB-CD-189 wird gebeten, sich sofort bei der Polizei zu melden. Im Kofferraum wurde soeben Osama Bin Ladens Vater entdeckt.

Zoll, temporär hyperaktiver

Was machen eigentlich die Kollegen vom Zoll so den lieben langen Tag, nachdem man ihnen im Rahmen der EUisierung fast alle Grenzen weggenommen hat? Nun, ein paar von denen lungern trotzdem kurz vor Holland herum und warten, ob sie das Gras wachsen hören können. Andere versammeln sich regelmäßig kurz vor Polen und warten auf günstig geschmuggelte Zigaretten, von denen schon mal eine Stange unter den Mannschaftswagen fällt. Kann ja passieren. Wiederum andere Beamte des Abfertigungsdienstes schlagen ihre Zeit am Hamburger Hafen tot und passen auf, dass zwischen den Bananen aus Afrika nicht versehentlich ein Bananenpflücker oder seltene Papageieneier liegen. Und der Rest der Bande schaukelt sich in Heide und Umgebung 362 Tage im Jahr das Gemächte. Nur wenn das Wacken Open Air ansteht, nehmen sie die Hände aus den Hosentaschen und spielen Ernstfall. Denn wer weiß, was die Rockersippe so alles auf den Acker schleppt? Crack, LSD, Malzbier! Vielleicht Mikrofilme, auf denen Umsturzpläne verzeichnet sind. Metal Milita-Putsch gegen Angela Merkel oder so. Am Ende versteckt sich im Opel Corsa aus Bergisch-Gladbach möglicherweise sogar der Edward Snowden. Sehr wahrscheinlich haben 99,8 Prozent der Wagen nicht mehr als ein paar Dosen ▶Bier und ein Zelt geladen, aber besser ist's, man schaut nach. Vor allem dann, wenn die potentiellen Terroristenwirte, denen man da den Mastdarm ausleuchtet (»Herr Snowden. Wenn Sie da drinnen sind, kommen Sie mit erhobenen Händen raus.«), einem via Steuergelder das eigene Gehalt bezahlen. Da sieht man als betroffener Wacken-Besucher wenigstens, dass die Kohle gut angelegt ist, selbst wenn man durch die Kontrolle den einen oder anderen Jahrhundert-Auftritt seiner Lieblingsbands verpasst und stattdessen ganz unvermittelt in die (tadellos geputzten) Läufe von Maschinengewehren glotzt. Denn unter zehn Mann/Frau trauen sich die Tarngrünen nicht an einen Kleinwagen heran. So hat das Ganze immerhin etwas Unterhaltungswert. Deshalb immer fleißig weitermachen, ihr lieben Zollamtsforstwachtmeisterhauptsekretäre. Und sollte doch mal ein Krümelchen Marihuana abfallen: Schön an die eigenen Kinder denken, ist ja bald wieder Weihnachten.

Bonustracks

Mein erstes Wacken 1997

von Till Burgwächter (22 Jahre), Klasse 7b, Freie Waldorfschule Kiskenbrück, 99900 Michaelsdorf-Hintergeistingen
Verwendete Sekundärliteratur: Der Spießer – Eine Charakteristik und weitere wirre Gedankenfetzen von Prof. Dr. med. dent. psych. M. Kiske
Wissenschaftliches Register: www.geisteskind.de (Vorsicht! Auf eigene Gefahr!)

Als uns unsere liebe Frau Lehrerin Lorenz (Deutsch, Erdkunde, Gartenbau, Teetrinken) den Vorschlag machte, einen Aufsatz über unser spannendstes Ferienerlebnis zu schreiben, war ich erst mal irritiert. Normalerweise basteln wir im Deutschunterricht nämlich nur Weihnachtssterne oder beobachten die vorbeiziehenden Wolken (je nach Jahreszeit). Dann aber erfasste auch mich eine Welle der Mitteilungsbedürftigkeit, sodass der nun vorliegende Bericht zustande kam, der maßgeblich durch meine Vorschulzeit im Höllenkindergarten geprägt ist. Ich wünsche meiner lieben Frau Lehrerin Lorenz viel Spaß beim Lesen und Nicht-Benoten, wie das an Waldorfschulen, Steiner sei dank, so üblich ist.

*

Es war ein heißer Sommer im Jahr 1997, und wir beschlossen, zum Wacken Open Air zu fahren. Heute weiß ich natürlich, dass Rockmusik krank macht, vor allem im Kopf. Schließlich ist der Heavy Metal allgemein eine Musikrichtung des Antichristen (neben Soul, HipHop und dem Krabbelstubenhit »Ich bin Schnappi, das kleine Krokodil«), weil er gegen die Kunst ist. Vom menschlichen Standpunkt aus betrachtet. Irgendwie. Auch die Tatsache, dass die Fans dieses Genres allesamt Spießer sind, eine »Gardinenstangenmentalität« aufweisen und alles, was sie nicht kennen, verlästern (dieses Wort habe ich mir übrigens selber ausgedacht!) und verachten, war mir damals nicht bewusst. Leider kann ich nicht mehr exakt memorieren, wer von meinen Freunden auf die Idee kam, ausgerechnet zum Wacken Open Air zu fahren, auf jeden Fall haben wir es gemacht. Obwohl es ein langer Weg war, was ich jetzt zweideutig meine. Fast hätte es gar nicht geklappt, denn ich war mit meinem Freund Marcel, der den Wagen Richtung Schleswig-Holstein lenken sollte, am Vorabend des 8. August 1997 in eine Weinstube eingekehrt. In unserem jugendlichen Leichtsinn – noch fern von der heutigen Spiritualität – verkosteten wir querbeet Weiß-, Rot- und Roséwein. Im Wein ruht der Geist der Wahrheit, immerhin. Außerdem hält der Göttertrank das Hirn fit. Schließlich muss man sich merken, dass ein Weißherbst zu 100 Prozent aus roten Trauben, ein Rotling hingegen zu einem großen Teil aus weißen Trauben hergestellt wird. Aber irgendwie wollte der Geist bei Marcel relativ schnell wieder raus. Beim Aufstehen riss der gute Freund einen Tisch samt Gedeck mit sich, und den Rest des Abends verbrachte er auf verschiedenen Toiletten. Am Freitagmorgen war dann Treffen bei mir – damals gab es noch keine »Night To Remember«, und Hübner/Jensen verbreiteten in jedem Interview, dass sie auf keinen Fall ein Drei-Tage-Festival veranstalten werden; was für verlogene Menschen – und alle waren da. Alle, bis auf Marcel. Der, so konnten wir telefonisch eruieren, hatte es immer noch böse mit dem Magen, weshalb er sich das Wochenende doch lieber von der Couch aus begucken wollte. Nicht mit uns! Der feine Freund wurde persönlich aufgesucht, in seinen eigenen Wagen geschmissen, das Zelt hinterdrein und ab dafür. Mir wurde die Aufgabe zuteil, das Gefährt zu steuern, was ich auch tat. Der Weg sollte uns über die Bundesstraße 4 gen Hamburg führen, die war aber leider gesperrt. Wahrscheinlich hat sich irgendeine unmoralische Krämerseele mit seiner Bonzenkarre in die Leitplanke gebohrt beim Versuch, einen spirituell lebenden Freigeist zu überholen. Wie auch immer, wir tuckelten über Straßen, die in keiner Karte verzeichnet sind, kamen vor Wacken in den obligatorischen Stau und erreichten erst gegen 15 Uhr den uns zugewiesenen Zeltplatz. Dann begann das eigentliche Drama: Ich hatte schon damals eine ausgesprochene Spießerphobie und im Rahmen dieser wollte ich auf keinen Fall das Zelt aufbauen, sondern endlich ein paar Bands sehen. Marcel, ein eingeschworener Pfadfinder (katholisch), hatte da einen anderen Standpunkt. Seiner Auffassung nach musste das Lager zeitig aufgeschlagen werden, worin ihn zwei namentlich nicht zu nennende Begleiter unterstützten. Mein Freigeistkollege Markus und ich tranken erst mal ein Bier (warm), um die auf uns einprasselnden Schmähungen ertragen zu können. »Subjektive Kritiken sind so überflüssig wie ein viertes Bein« warf ich dann, mir meiner intellektuellen Überlegenheit bewusst, in die Runde. »Du musst das Ganze sehen.« »Ich zeig dir gleich meine ganze Faust«, antwortete Marcel unter der Plane hervor und bewies mir so schon damals seinen Hang zum Proletarischen. Irgendwann stand der Palast dann aber, weshalb wir uns endlich auf den Weg machen konnten, etwas Kunst (so meine damalige Auffassung) schnuppern zu dürfen.

*

Oh weh, wie wird mir, wenn ich an den Moment denke, an dem wir durch den Haupteingang schritten und auf die Mainstage (ohne angeschlossene Zweitbühne) zukamen. Heroen des Untergrunds wie *Undish* oder *Don Bosco* hatten wir bereits verpasst, aber direkt vor uns schälte sich etwas Böses aus dem künstlichen Nebel. Ja, kein Zweifel, es waren *Dissection*, die dort auf der Bühne herumlärmten. Hätte ich damals gewusst, dass die Eierfeile da auf der Bühne demnächst bei einem Mord assistiert, ich hätte ihn in einen moralisch-spirituellen Disput verwickelt. So war es aber nur angenehmer Krach, der da herüberwehte. Dass ausgerechnet dieser Auftritt später zum Kult erhoben wurde und gar auf CD erschien, prangere ich hiermit an, wobei ich besonders der zuständigen Plattenfirma Primitivität und Arschlöchrigkeit (wieder so ein Wort von mir!) vorwerfe, da sie den allgemeinen Kunst-Geist mit Füssen tritt. Wobei ich mir jetzt nicht ganz sicher bin, ob ich nicht doch Füße meine, weil die Stadt Füssen in Bayern ja schlecht nach irgendwem treten kann. Auch egal, *Virgin Steele* standen als nächste auf dem Programm, genauer auf den Brettern der Party Stage, die dereinst noch von einem Zelt umgeben war. Ja, das traf meinen damaligen Geschmack. Schön Schwerter, Drachen und Zauberer und so. Heute weiß ich, dass z.B. Schiller oder Goethe oder Steiner deshalb nie über solche Sachen geschrieben haben, weil es nämlich gar nicht Kunst ist, sondern Spießerkram. Zack, und weg damit. Deutlich tiefergehend war da schon das Moralisierungskommando von *Saviour Machine*. Der Sänger von denen war ganz weiß angemalt und hat dauernd Israelflaggen in Kunstblut getaucht. Hab ich zwar nicht verstanden, war aber irgendwie aufwühlend und muss somit mehr sein als nur ein weiteres Produkt auf dem Markt. Toll. Für *Samael* (Mainstage) gilt das Gleiche, die waren damals wie heute voll spirituell, für sie ist die Kunst nicht die Hure der Industrie. Bei der Kackmucke wäre ich trotzdem fast eingepennt. *Therion* (Party Stage) bemühten sich dann auch redlich, aber wenn 90 Prozent der Darbietung vom Band kommen, darf man sich als kritischer Mensch schon mal fragen, ob das denkende Individuum hier hinters Licht geführt werden soll. Für grobe Heavy Metal-Köpfe mag das ausreichen, für mich reichte es schon damals nicht. Gottlob machten technische Probleme dem faulen Zauber ein rasches Ende. *Rage* (Mainstage) waren dann schon wieder näher dran, mit echtem Orchester, super Stimmung und vielen Zugaben. Allerdings hatte ich bereits 1997 meine Probleme, Peavy als Künstler anzuerkennen.

Peavy klingt irgendwie nach Primitiv. Außerdem ist der Vogel dermaßen autoritär, dass sich das nicht mit meinem Begriff von Freiheit deckt. Obwohl er sich ja dauernd die Freiheit rausnimmt, seine Begleiter zu feuern. Hm, müsste ich direkt noch mal 'nen Schlag drüber meditieren.

*

Auf dem Weg zurück zum Zeltplatz schauten wir noch mal bei der Party Stage vorbei, weil da *Love Gun* spielten. Angeblich die beste *Kiss*-Coverband der Welt. Pah, geschminkte Männer (plus Lars Ratz) in unmoralisch freizügigen Lederklamotten. Außerdem trällerten die ja nur den Mist einer anderen, materialistisch höchstverseuchten Band nach. So weit kommt es noch, da kann ich mir als deutscher Christ ja gleich von Marilyn Manson den Nietzsche erklären lassen. Alles voll Antichristen, eine schöne Scheißwelt haben wir. Das wurde mir erst so richtig bewusst, als wir den Zeltplatz erreichten. Marcel und die anderen beiden Namenlosen verzogen sich gleich in die Behausung, in der im Übrigen auch noch zwei afrikanische Elefanten Platz gefunden hätten. Markus und ich hingegen wollten uns noch ein wenig der Dunkelheit hingeben, vielleicht eine Eule auf ihrem nächtlichen Beutezug beobachten oder einfach nur in die Stille hineinhorchen. Aber natürlich gab es keine Eulen, und Stille schon mal gar nicht. Um uns herum tobte das Spießervolk, diese seelisch toten Heavy Metal-Fans. Sie grölten und soffen und krakeelten, an Entspannung war gar nicht zu denken. Irgendwann beschlossen Markus und ich, uns ins Auto zu verkrümeln, um mal ein paar gehaltvolle Sätze zum Thema »Intolerante, erzreaktionäre Fanatiker und ihre sichere Unterbringung in geschlossenen Einrichtungen« zu wechseln. Wir leerten diverse Flaschen Fanta (Zitrone) und wären gegen vier Uhr morgens beinahe über unserem eigenen Intellekt eingeschlafen, als uns ein menschenfeindliches Gewummer schlagartig in die gewöhnliche Welt zurückholte.

»Kawumm«, machte es, und nachdem ich das Schiebedach geöffnet und meinen Kopf hinausgestreckt hatte, war die Sache klar. Zwei Seelentote (nicht zu verwechseln mit Untoten) saßen in ihrem (?) roten Polo. Soweit nicht ungewöhnlich, wir hockten ja auch in einem weißen Exemplar derselben Baureihe. Aber diese Herren hatten die Tür der Fahrerseite geöffnet und hielten auf einen Baumstamm zu. Wieder machte es »Kawumm«, die Tür bog sich in den Scharnieren, fiel aber nicht heraus. Kurz den Rückwärtsgang eingelegt und das gleiche Spiel von vorn. Irgendwann hing das Blechteil nur noch am seidenen Faden, was die beiden gottlosen Rocker zum Anlass nahmen, aus dem Wagen zu steigen und das wehrlose Fortbewegungsmittel mit Tritten zu traktieren. »So weit sind wir schon in Deutschland«, sagte ich zu meinem Freund Markus, der aber zu bedenken gab, dass es sich bei dem Gefährt um einen Volkswagen handele und der Akt der Zerstörung vielleicht ein antifaschistisches Statement sei. Nieder mit dem Volkswagen, runter mit dem Hakenkreuz oder ähnlich. »Ach so, sollen wir unseren dann auch kaputtmachen?«, meinte ich zu Markus, in der Angst plötzlich ein Nazi zu sein, weil ich tatenlos in einem VW Polo saß. Auf der anderen Seite konnte und kann ICH persönlich gar nichts für den Holocaust, denn zu dieser Zeit umkreiste ich vorgeburtlich als schlechter Scherz den Erdball. Mein weiser Freund warf schließlich zu Recht ein, dass wir vorher Marcel wenigstens um Erlaubnis fragen sollten, bevor wir sein Auto zerdeppern. Lange konnte ich mir über die knifflige Fragen-Konstellation auch keine Gedanken machen, denn von links wehte plötzlich Brandgeruch herüber. Ein Haufen skrupelloser Satansidioten (vielleicht waren auch ein paar Teufels-Metaller mit ihren weichen Bierwabbelbäuchen dabei) hatte bereits am Nachmittag einen hölzernen Hochsitz errichtet und war nun – immerhin kurz vor halb fünf in der Früh – der Meinung, das Ding anzünden zu müssen. Auf der obersten Plattform, ich schaute genau, war keine Hexe festgezurrt, was diese Aktion ja immerhin noch erklärt hätte, stattdessen johlten die geblendeten Männer und Weiber im Feuerschein und tranken Alkohol. Ich glaube, sie führten sogar einen Veitstanz auf, kann aber auch sein, dass ich mir das jetzt einbilde. Ist ja schon ein paar Jahre her. Zum Schlafen war es nun auf jeden Fall zu spät, weshalb Markus und ich uns noch ein wenig gegenseitig vollklugscheißerten, um dann, es mag sieben Uhr gewesen sein, ins Dorf zu spazieren. Dort gab es geweihte Mettbrötchen vom Schlachter gegenüber der Kirche, was unsere Lebensgeister aufs Neue erweckte.

*

Der neue Tag, mithin der 9. August 1997, begann sonnig. Um nicht zu sagen, heiß. Marcel und die beiden Namenlosen quälten sich aus ihrer Kunststoffpelle und gähnten in die Sonne. Markus und ich, von unserem Bummel durchs Dorf längst wieder heimgekehrt, mahnten zur Eile, denn *Scanner* buhlten auf der Mainstage um unsere Aufmerksamkeit. Was im direkten Anschluss daran passierte, weiß ich nicht mehr so genau, ich traf wohl ein paar entfernt Bekannte und hielt Smalltalk. Für einen in jeder Beziehung tiefgeistigen Menschen wie mich natürlich eine Qual, aber ich muss den anderen ihre Unvollkommenheit auch nicht dauernd unter die Nase reiben. Im Hintergrund könnte Udo von *U.D.O.* ein paar *Accept*-Klassiker heruntergekräht haben und *Zed Yago* (ohne diesen hysterischen Mann namens Jutta am Mikro) sollen wohl ebenfalls ihren geistig-moralisch kraftlosen Sermon heruntergebetet haben, sicher bin ich mir da aber nicht mehr. Zu *Overkill* stand ich jedenfalls wieder vor der Bühne, und obwohl der Bandname dieser Amis ja schon etwas Martialisches hat, war ich recht angetan. Warum der Sänger zum Schluss ins Publikum hüpfte, kann ich mir jedoch bis heute nicht erklären. Vielleicht eine Art von Ausdruckstanz für die christliche Nächstenliebe unter all den erzkunstfeindlichen Evil-Metallern? Unwichtig, denn als nächster Programmpunkt wartete eine Premiere auf uns. *HammerFall* spielten erstmals ein großes Konzert außerhalb ihrer Heimat Schweden. Uiih, war das wohl spannend. Die Herren zitterten wie Eichenlaub (oder waren es Espen?), auf jeden Fall klopfte ihnen der Stift ordentlich ans Zäpfchen. Ungefähr sieben Tage vor Wacken war ich mit dem Debüt der fünf Herren in Berührung gekommen und doch begeistert. »Aus denen wird mal was«, schrie ich Markus damals ins Ohr und überlegte ernsthaft, ob ich auf Prophet umsatteln sollte. Hab ich dann ja auch gemacht und es nie bereut. Die anschließenden *Grave Digger* und *Motörhead* haben wir uns wohl ebenfalls angeguckt, allerdings kann ich davon nichts mehr berichten. Seit 1997 habe ich beide Bands ungefähr zwanzig Mal gesehen, und jeder, der sich mit der Materie ein bisschen auskennt, wird zustimmen, dass man schon nach zwei Gigs dieser wenig beweglichen Kunstimitatoren Probleme hat, das Wann, Wie und Wo zuzuordnen. War wahrscheinlich so wie immer. Deshalb vertrieb ich mir die Zeit nebenbei mit dem Jagen von Promis, allerdings lief mir nur Oscar Dronjak von *HammerFall* vor die Flinte. Mit dem ließ ich mich auch gleich fotografieren, das Foto hängt bis heute als zweifache Mahnung in meinem Arbeitszimmer. Erstens erinnert es mich daran, immer genügend zu essen im Haus zu haben und zweitens, wie abscheulich es ist, sich als willenloser Anhänger einer lästerlichen Musikrichtung zu outen. Pfui Deibel, war ich damals seltsam drauf. Apropos seltsam, der Kollege Markus und ich hatten ein kleines Schlafdefizit und einen ordentlichen Sonnenstich, weshalb wir so weit waren, die Heimreise anzutreten. Da hatte unser Quertreiber Marcel aber was gegen, denn er wollte noch unbedingt diese »tolle, neue Band da« abwarten. Dabei handelte es sich – ich traue es mich kaum zu schreiben – um die gottlosen Nutten von *Rockbitch*. Doch all unsere vernünftigen Argumente, unsere Drohungen und Bitten halfen nichts. Der Mann hatte den Autoschlüssel, und der Mann wollte *Rockbitch* gucken. Also standen wir uns auf dem mittlerweile arschkalten Acker die (Entschuldigung) Eier blau, bis die Hupfdohlen endlich auftauchten. Was dann folgte, war eine Bankrotterklärung des Abendlandes und selbst fürs Lustzentrum nur marginal erbauend. Kreischtrullas, die sich gegenseitig in den ausgeleierten Schritt fassen, sich ins Gesicht pullern und einen per goldenem Kondom ausgewählten, gerade mal volljährigen Zuschauer auf die Bühne zerren, um ihn angeblich zu befriedigen. Dass die wirkliche Befriedigung ausschließlich über den Geist möglich ist, hat von denen sicher noch keiner gehört. Sei's drum, Marcel hatte bekommen, was er verdiente (nach katholischer Rechnung folgen im Anschluss an das Ableben noch mindestens 1000 Jahre Fegefeuer), und wir konnten endlich nach Hause. Oder vielleicht doch nicht? Nun, Marcel – wahrscheinlich der einzige Mensch, der auf dem Wacken-Zeltplatz jemals acht Stunden am Stück geschlafen hat – fühlte sich plötzlich ermattet. Eingedenk dieses Zustandes schlug der Mann doch tatsächlich vor, dass fix und fertig eingepackte Zelt wieder aus dem Auto zu holen und es am Straßenrand aufzubauen. Am Straßenrand in Wacken, wohlgemerkt. Und auch wenn damals nicht halb so viele Fans in den Ort pilgerten wie heute, so viel anders sah es nicht aus. Der Kollege Markus und ich warfen uns schnell einen Blick zu und versuchten, das Unheil abzuwenden, indem wir uns als Fahrer anboten. »Seid ihr fit?«, fragte Marcel skeptisch, was wir lauthals bejahten. Man möge mir diese kleine Notlüge im Nachhinein verzeihen. So fuhren wir also heim, die A23 entlang, bis Höhe Hamburg. Dort machte mich, der ich am Steuer saß, die sich nicht mehr bewegende Benzinanzeige doch langsam nervös, weshalb ich händeringend nach einer Tankstelle suchte. »Fahr doch hier ab«, murmelte Marcel im Halbschlaf, was ich auch tat, um prompt in einem ausgestorbenen Industriegebiet zu landen. Auf einer Anhöhe entdeckten wir das gelb-rote Zeichen eines Ölkonzerns, und ich glaube, nicht mal George W. Bush hätte sich darüber mehr freuen können als wir. Frisch betankt und mit aufputschenden Getränken versorgt, ging es endlich in die Heimat, wobei mich die schwarzen, über die Straße laufenden Quadrate (eine Folge des Schlafentzuges) doch irgendwann so nervten, dass Freund Markus das Steuer übernahm. Der brüllte sogleich einen Brummifahrer durch die Windschutzscheibe an, weil dieser nicht weiterfuhr, bei näherem Hinsehen entpuppte sich der »gelbe LKW« allerdings als Ortseingangsschild. Ein gesunder Geist steckt in einem ausgeruhten Körper, ging es mir damals durch den Kopf. Wahrscheinlich der Beginn meiner spirituellen Reise an den Rand des Wahnsinns ohne Rückfahrkarte.

*

Das war es also, mein schönstes Ferienerlebnis. Zwei Tage habe ich Seite an Seite mit Heavy Metal-Idioten verbracht, doch letztlich haben mich diese Tiere auf den wahren Pfad der Erleuchtung geführt. Heute höre ich nur noch Musik von Franz Liszt, Johann Strauss (ich meine den Vater, nicht den liederlichen Sohn!), Caspar David Friedrich, Leonardo Da Vinci, Wim Thoelke und vor allem von Richard Wagner. Der ist nicht, wie uns so oft von verblendeten Metallern einsuggeriert wird, der Vater des Heavy Metal, sondern das genaue Gegenteil davon! Seine Musik spricht zum Höheren im Menschen und fördert nicht die niederen Instinkte, was sich allein schon dadurch belegen lässt, dass Wagner selbst ein sehr feiner Mensch war. Abgesehen von seiner Judenfeindlichkeit (war damals sehr verbreitet und deshalb nicht weiter schlimm), dem Hang zum Ehebruch und seinen insgesamt ca. 1,8 Milliarden Goldtalern Schulden, die ja keinem anderen im Portemonnaie gefehlt haben. Und überhaupt, das hat gar nichts mit der Musik zu tun. Bei Heavy Metal ist es hingegen so, dass er Menschen zwangsläufig verroht. So, ätsch! Man schaue sich nur *Manowar* an, dieses chauvinistisch protzende Dämonengezücht aus Los Angeles (bei Chicago). Ist das Ehrlichkeit? Bin ich ein Kulturfaschist? Warum singe ich bei zig so genannten Metal-Opern mit, wenn ich doch angeblich alles scheiße finde? Warum schieße ich mit Bomben auf Spatzen, wo doch Kanonen ausreichen und man zudem Bomben gar nicht schießen, sondern werfen muss? Warum ziehe ich andere durch den Dreck, während mir der gesprochene Dünnschiss bis zum Hals steht? Warum sehe ich dressierte Zwergpinscher durch Omas Küche springen und keine weißen Mäuse? Weiß ich überhaupt, wovon ich hier rede? Wahrscheinlich nicht, aber ich weiß mit Sicherheit, dass meine Musik keine Sau mehr interessiert und meine Bücher noch nie jemanden interessiert haben, was für mich ein untrügliches Zeichen dafür ist, dass ich auf dem richtigen Weg bin. Für einen Christen eigentlich blöd, denn was bleibt da noch zum Erleuchten, wenn ich jetzt schon so hell brenne? Möge Gott mir helfen und Satan sich verpissen. Amen.

Ein Lied für Wacken

Die Lindenstraße hat eins, jeder Fußballbundesligist hat eins, die Kirche hat ganz viele und selbst der letzte Rummelboxer auf RTL hat eins. Nur das größte Musikfestival diesseits des Uranus hat keins (»We Are The Metalheads« von Doro Pesch zählt nicht, die schreibt auch Songs für Rummelboxer). Höchste Zeit also, ein paar fähige Songschreiber zu kontaktieren, um diesen Missstand endlich zu beheben. Ein Lied, um nicht zu sagen sechs Lieder für Wacken! Ach ja, die zu singende Melodie ist der Unterzeile zu entnehmen. Und bitte sehr:

W:O:A

frei nach: Manowar »Carry On«

Das Nordlicht führt mich
Nach Schleswig-Holstein hinein
Kurz hinterm Vaalermoor weist mir Thor
Den Weg zum heil'gen Schrein
Zwischen Kühen
Und Schafen, ja dort soll es sein
W:O:A, wir würden kommen
W:O:A, für bares Geld
W:O:A, spielen Manowar
Auch am End der Welt
Solang wie wir zusammen sind, geht's nur ums bare Geld
W:O:A, W:O:A, unterschreib doch schon den Scheck
WO:A, W:O:A, sonst sind wir wieder weg

Ode an die Brüderlichkeit

frei nach Iron Maiden »The Trooper«

Du trinkst mein Bier, aber ich trink deins
Ich nehm dein Mädel und nun nimmst du meins
Trotz alledem schlagen wir uns nicht
Denn Teilen ist Metaller-Pflicht

Hier auf dem Campingareal
Hat man eh nicht die geringste Wahl
Bei dem ganzen Hin und Her
Fällt die Zuordnung besonders schwer

Ohohohohohohoho
Ohohohohohohoho

All überall liegt Zeug herum
Alle zwei Meter fällt ein Banger um
Wen interessiert da dein und mein
Gib einen aus, denn so soll es sein

Nur die da hinten von Platz C4
Bekommen nichts von unsrem Bier
Denn das sind Russen, ich seh's von fern
Und Russen hab ich nun mal gar nicht gern

Ohohohohohohoho
Ohohohohohohoho

Der Rest des Textes wurde vom Komitee zur Erhaltung und Pflege deutsch-russischer Freundschaft e.V. gelöscht.

Das Lied vom traurigen Bauern

frei nach Blind Guardian »A Past And Future Secret«

Klimper

Oh, ich war schon länger nicht mehr hier
Mein Grund und Boden sieht aus wie Sau, nun

Mein Acker im Arsch, mein Acker im Arsch
Ich hab's gesehen

Klimper

Hö' ma Typ, ich red jetzt Klartext
Soweit ich mich noch erinnern kann
Ich sprech hier von zwei jungen Langhaardackeln
Die vor ein paar Jahren aufgetaucht
Wollten mein Gelände günstig mieten
Für ein Festival mit lautem Sound
Hab gedacht, kann ja nicht wirklich schaden
Und nun hab ich das Grand Malheur
Sitz in den Trümmern ganz allein

Mein Acker im Arsch, mein Acker im Arsch, mein Acker im Arsch
Oh, ich brauch sofort ein Bier
Mein Acker im Arsch
Lass die Kiste gleich hier stehen

Klimper

Mir wird kalt
Wenn ich bloß nur daran denk
Bringt ihm doch mal einen Schnaps
Das Erdreich aufgewühlt

Der Rasen dunkelbraun
Bringt ihm noch 'nen zweiten Schnaps
Ab jetzt halt ich vor meinem Acker Wacht

Mein Acker im Arsch, mein Acker im Arsch, mein Acker im Arsch, mein Acker im Arsch
Und der Atommüll, den ich dort
Mein Acker im Arsch
Einst vergrub in dunkler Nacht
Mein Acker im Arsch
Kommt wieder hoch

Klimper

Panzer Division Steinburrg

frei nach: Marduk (Song egal)

AhiiiiiiChhhhhhh
Wackerrr Ackerrr
Uuuuuhhh dunkel
Böse Möse Jesus
Christus AhiiiiiiChhhhhhh
Buäääàh RrrzmpfLuziferrrzmpf
YeahYeahhhh Inzesssst
Drittes Reichchchchchchchchch
Kinderschädeltrommelsolo
Tababuuu Brruuchchchch
AhiiiiiiistguuutChhhhhhh
UhhhhhweeiiiilgeeeldUhhhh
In bähhhhhhWacköööön
Wohnt chchcchchö Sataaan
Vielleichtttttsss ...

Dramatisches Outro mit Samples von Reinhard Heydrich, Joseph Goebbels und Lieselotte Pulver

Ein guter Gig in Wacken

gar nicht mal so frei nach J.B.O. »Ein guter Tag zum Sterben«

Ich stehe mittags auf, es ist halb eins
Um mich rum türmt sich das Bargeld, alles meins
Zuvorderst stoße ich mir den Kopf an einem Gucci-Bügel an
Darauf trink ich einen Dom Perignon mit einem Schüsschen Lebertran
Der Drink kommt gut, der Schädel dreht, ich halte halt nichts aus
Deshalb haut's mich geräuschvoll aus den Pantinen, zwei Nutten klatschen Applaus
Ein Diener kommt und hilft mir auf, das kann doch alles nicht sein
Bin doch nur ein armer Musikant, doch dann fällt's mir wieder ein

Das war ein guter Gig in Wacken
Die Gage gab's wieder mal in bar
Ohne Steuerlast und Finanzamt
Unterm Tisch, das ist doch klar

Ein guter Gig in Wacken
Die Menge hat getobt
Mit drei Akkorden und 'ner rosa Jacke
König Alkohol sei gelobt

Bevor sich die Nebelschwaden verziehen, reicht man mir schnell das Koks
Trotzdem fällt es schwer zu glauben, dass wir mit unsren Jokes
Die Krüger und Dall, Stelter und Pohl, ja selbst Frau Köster zu uncool wärn
Gestern wieder abgeräumt haben, doch ich glaub es gern
Denn durch das Panoramafenster im Herrensalon fällt ein greller Schein
Hab ich den Bentley noch in der Nacht gekauft? Ja, dann sollt es wohl so sein

Schließlich sind wir J.B.O., die Kasper vom Dienst, die Götter der Comedy
Und was ich in einer Stunde verdiene, verdienst du im Leben nie

Das war ein guter Gig in Wacken
Der Aufwand minimal
Die Verhältnisse chaotisch
Die Gage phänomenal

Ein guter Gig in Wacken
Das Jahr ist schnell vorbei
Und bevor du dich versehen tust
Sind wir auch beim nächsten Mal dabei

Dann bespielen wir eine Platte, dann gehen wir auf Tour
Dann sind wir wieder lustig, pünktlich um 20 Uhr

schlaues Gitarrensolo, das den Eindruck von Dilettantentum erwecken soll, beim zweiten Hinhören aber doch ganz schön dolle anspruchsvoll sein könnte

Beim Hannes steigt 'ne Fete, mit meinem Dritt-Benz fahr ich da vor
Sein Parkwächter fragt nach der Geheimparole und öffnet das goldene Tor
Im Eingangsbereich liegt Smaragdstaub verstreut, das ist irgendwie schon arrogant
Nicht zu reden vom Klopapier aus samtner Seide und vom Picasso an der Wand
Der Hausherr kommt mit zwei Gläsern Bier und flüstert mir leise zu
»Unsre T-Shirt-Preise sind viel zu niedrig, das lässt mir keine Ruh«
Ich lache kurz, starre ihn an und frage: »Kommst du noch ganz klar?«

Leih dir was vom bandeigenen Geldinstitut, bis zum nächsten W:O:A

Das wird ein guter Gig in Wacken
Rieche schon den Duft vom Geld
Heute kaufe ich mir ganz Erlangen
Und morgen den Rest der Welt

Ein guter Gig in Wacken
Und schon ist die Rente drin
Das freut mich und meine Erben
Wenn ich gestorben bin

Anmerkung des Autors: Der Text bemüht sich um Authentizität. Deshalb wurden Versmaße, grammatikalische Regeln (deutsch), Originalität und Niveau einzig dem Ziel untergeordnet, ein Wort zu finden, das so ähnlich klingt wie das in der Zeile zuvor. Mit der Bitte um Verständnis.

Ich habe sie ganz laut gefragt

frei nach Saxon »Princess Of The Night«

Sie hatte so ein Pferdegesicht vom Scheitel bis zum Kinn
Sie irgendwann zur Frau zu nehmen, kam mir nicht in den Sinn
Ihr dicker Arsch, der Mundgeruch und Grind zwischen den Zehen
Doch eines Jahres in Wacken ließ ich mich einfach gehen

Ich habe sie ganz laut gefragt
Willst du mich heiraten, mein Schatz
Warum nicht, hat sie gesagt
Und schon war alles klipp und klar

Kinder, Couch, Karezza (*bitte im Duden nachschlagen*), alles nicht mein Ding
Ich hab doch solche Wurstfinger, was soll ich mit ’nem Ring?
Doch dort, im schönen Wacken, war ich sternhagelvoll
Und dachte, so ein Heiratsantrag wäre sicher toll

Ich habe sie ganz laut gefragt
Willst du mich heiraten, mein Schatz
Warum nicht, hat sie gesagt
Und schon war alles klipp und klar

Ich habe sie ganz laut gefragt
Über die PA der Party Stage
Die Zuschauer haben gelacht
Und das vollkommen zu Recht

Nun sitz ich hier mit Trulla, den ganzen Tag zu zweit
Die Glotze läuft, die Fluppen brennen, sie fragt: »Bist du bereit?«
Erstmal Britt und Salesch, dann die Sendung mit der Maus
Zum guten Schluss noch zwei, drei Soaps, oh Gott, ich muss hier schnellstens raus

Ich habe sie ganz laut gefragt
Vor lauter fremden Metal-Fans
Keine Sau hat mich gewarnt
Und jetzt hab ich den Salat
Salat
Salat
Salat

Sternstunden

Dein Wacken-Horrorskop

Die Masche, Schicksalsdeutung anhand von Sternzeichen zu betreiben, wurde in der Steinzeit erfunden, damit Frauen, die in Höhlen auf ihre mammutjagenden Männer warteten, irgendwas zu tun hatten. Im Mittelalter beschäftigte sich die katholische Kirche eingehend mit der Astrologie und machte den Anhängern dieser gotteslästerlichen Visioniererei gerne mal ordentlich Feuer unter dem Arsch. Heutzutage gibt es Horoskope nur noch, weil Männer nicht mehr jagen gehen, sondern arbeitslos auf der Couch sitzen und die Frauen Ablenkung nötiger haben denn je. Streng wissenschaftlich betrachtet ist der so genannte Barnum-Effekt, also das Akzeptieren von allgemeingültigen Aussagen als zutreffende Beschreibung der eigenen Person, alberner Hokuspokus … und damit wie geschaffen für die Heavy Metal-Szene. Das nun folgende Horoskop stützt sich nicht auf ernst zu nehmende Daten, stimmt aber trotzdem. Vielleicht. Mal sehen. Auf jeden Fall gilt es nur (!) für Besucher des diesjährigen Wacken Open Air. Wer sein Horoskop fürs nächste W:O:A erfahren möchte, drehe die nun folgenden Seiten auf den Kopf, ziehe dabei gedanklich eine Linie vom Pluto zum Nordlicht, ohne einen linksdrehenden Fixstern zu tangieren und pfeife dabei den Song »Starlight« von *Helloween* rückwärts. Alles Weitere ergibt sich von selbst.

Jungfrau (24. August bis 23. September)

Allgemeine Eigenschaften: intelligent, zuverlässig, ordentlich, sparsam

So, liebe Jungfrau. Jetzt lesen Sie sich Ihre Eigenschaften noch mal ganz langsam durch und stellen Sie sich dann bitte folgende Frage: Was hat ein Mensch wie ich auf dem W:O:A verloren? Eben, gar nichts. Angenehme Rückreise, Sie können zuhause ja schon mal feucht durchwischen und die Konservendosen in der Speisekammer nach Farben sortieren, bis der Rest auch zurück ist.

Waage (24. September bis 23. Oktober)

Allgemeine Eigenschaften: charmant, teamfähig, diplomatisch, unentschlossen

Als Teamplayer werden Sie am Freitag auf eine harte Probe gestellt. Zwei Ihrer Freunde wollen um 18 Uhr unbedingt zur Faster-Stage, während die drei anderen die Harder-Stage bevorzugen. Dank Ihres diplomatischen Geschicks reißen Sie die Diskussion an sich und vermitteln zwischen den feindlichen Lagern. Der gesamte Tross begibt sich auf Ihr Geheiß in den Biergarten, wo ein paar besoffene Vollidioten Songs von *Judas Priest* kaputt grölen. So hat keiner bekommen, was er wollte, und Sie erhalten die Quittung dafür. Da Sie aber so verdammt charmant sind, gibt es von jedem nur eins auf die Fresse.

Skorpion (24. Oktober bis 22. November)

Allgemeine Eigenschaften: leidenschaftlich, ehrgeizig, konsequent, verschlossen

Ihr Ehrgeiz bringt Sie eines Tages noch um. Am Donnerstag reicht es allerdings nur für das Sanitäterzelt mit direkter Verbringung in das Krankenhaus zu Itzehoe. Das Wettsaufen mit dem Zeltnachbarn aus Norwegen geht also knapp verloren, dafür brechen Sie das Wodka/H-Milch-Gemisch umso leidenschaftlicher wieder aus. Mit Ihrer verschlossenen Art kriegen Sie die scharfe Nachtschwester aber nie rum, zumal Sie Ihr Aszendent Mars heute weder bei Sport noch bei Spiel mobil macht. Ungünstige Sternenkonstellation und Alkoholvergiftung hin oder her, reißen Sie sich endlich mal am Riemen, Sie Memme!

Schütze (23. November bis 21.Dezember)

Allgemeine Eigenschaften: idealistisch, sportlich, freiheitsliebend, offen

Unsinnige Regeln sind da, um gebrochen zu werden. So lautet Ihre Maxime, die Sie am Donnerstag einmal mehr in die Tat umsetzen. Gepaart mit Ihrer Sportlichkeit gehen Sie volles Risiko, um Ihre Sicht der Dinge durchzudrücken. In diesem Fall funktioniert es aber leider nicht, denn die Zäune rund um das W:O:A-Gelände erfüllen einen Zweck. Leute wie Sie, die der Meinung sind, Open Airs auch ohne Eintrittskarte besuchen zu können, werden von den Veranstaltern nämlich ungern gesehen. Ein freundlicher Security-Mann pflückt Sie vom Gatter und bringt Sie in einen Container, wo Sie drei Tage »vergessen« werden. Ob Sie sich deshalb gleich »Nelson Mandela von Wacken« nennen sollten, bleibt Ihnen überlassen.

Steinbock (22. Dezember bis 20. Januar)

Allgemeine Eigenschaften: geduldig, ausdauernd, zielsicher, stur

Es ist schon beeindruckend, mit welcher Sturheit Sie Ihre Ziele verfolgen. Wenn Sie sich etwas in den Kopf gesetzt haben, dann verharren Sie so lange mit verschränkten Armen und muckeligem Gesichtsausdruck, bis es Wirklichkeit wird. Am Samstag ist das aber besonders schwer, denn obwohl Sie es an der Security vorbei bis auf das Mainfield geschafft haben und lauthals »Von Fans, für Fans« skandieren, weigern sich die Verantwortlichen standhaft, Sie und Ihre Demoband, die *Gorgonzolagodzillas Of Death*, um 20 Uhr spielen zu lassen. Sind wahrscheinlich auch alles Steinböcke, diese großkopferten Deppen.

Wassermann (21. Januar bis 19. Februar)

Allgemeine Eigenschaften: tolerant, humanistisch, rebellisch, diskussionsfreudig

Ein Blick auf die Eigenschaften genügt: Wassermänner sind der Prototyp des Heavy Metal-Fans. Eigentlich. Am Donnerstag stehen Ihnen diese Charaktermerkmale aber eher im Weg, als Sie beim Streifzug über den Metalmarkt das *Iron Maiden*-Album »Bruce Lee vs. Bruce Dickinson« von 1987 entdecken. Obwohl Sie dem syrischen Händler (Wassermänner haben keine Vorurteile!) mehrmals erklären, dass es diese Scheibe definitiv nicht geben kann, bleibt der Mann bei seiner Einschätzung, es würde sich um eine offizielle Veröffentlichung der Briten handeln, und belegt Sie schließlich mit einem muselmanischen Fluch. Das macht aber gar nichts, denn Saturn parkt an diesem Tag mit seinem Zweitwagen vor dem dritten Haus des Merkurs, und das schützt den Wassermann sowohl vor Hexereien aus dem Mittleren Osten als auch vor Voodoo und Hepatitis B. Glück gehabt!

Fische (20. Februar bis 20. März)

Allgemeine Eigenschaften: hilfsbereit, sanft, zurückhaltend, bescheiden

Halten Sie sich von Donnerstag bis Samstag von allen Moshpits fern, die Ihnen auf dem Gelände entgegenkommen. Da es Ihre Art ist, sich bei jedem, den Sie anrempeln, minutenlang zu entschuldigen, könnte es zu Komplikationen kommen. Zudem beißt Pluto den Uranus, was nichts Gutes bedeutet. Genaures wissen wir aber leider auch nicht. Sie schaffen das schon!

Widder (21. März bis 20. April)

Allgemeine Eigenschaften: tatkräftig, risikofreudig, optimistisch, rücksichtslos

Ihr Element ist das Feuer, aber Sie sollten es nicht übertreiben. Sich jeden einzelnen Gig von der ersten Reihe aus anzusehen, ist okay, wenn Sie es körperlich denn verkraften können. Aber warum zur Hölle halten Sie Ihre Rübe immer direkt in die Pyroeffekte? Wollen Sie jemandem imponieren? Haben Sie Minderwertigkeitskomplexe? Sind Sie einfach nur durch mit der Welt? Wahrscheinlich eine Mischung aus allem, aber das ist bei Widdern ja nichts Neues. Fragen Sie mal bei Ihrem Sternzeichenkameraden Hitler nach, der war Experte in solchen Sachen.

Stier (21. April bis 20. Mai)

Allgemeine Eigenschaften: genießerisch, gefühlsbetont, großzügig, häuslich

Ihr Leben wird vom Liebesplaneten Venus beherrscht, weshalb Sie natürlich auch auf dem Wacken Open Air auf Hühner- beziehungsweise Hähnchenjagd gehen. Die Mucke interessiert Sie nur am Rande, es geht um williges Fleisch, das vor Ihrem Zelt flaniert und in selbiges hineingezogen werden will. Da die Duschen auf dem Gelände wie üblich nicht funktionieren oder dermaßen kaltes Wasser absondern, dass selbst jemandem wie Ihnen die Libido einfrieren würde, stinken Sie am Samstagvormittag zum Steinerweichen. Okay, die potentiellen Geschlechtspartner müffeln ebenfalls wie die Stuhlsitzfläche einer 57-jährigen Aldi-Kassiererin, aber wird es dadurch besser? Nein, und deshalb behalten Sie Ihre Körpersäfte einfach mal für sich. Hochziehen und runterschlucken, machen Sie sonst doch auch so ähnlich.

Zwilling (21. Mai bis 21. Juni)

Allgemeine Eigenschaften: flexibel, geschickt, oberflächlich, wissbegierig

Zwillinge zeichnen sich durch eine gewisse Schnelligkeit aus, was Ihnen beim berüchtigten Viel-Bühnen-System plus Wackingerdorf des W:O:A natürlich hilft. Auch Ihre Geschicklichkeit kommt Ihnen zugute, die Schlange vor dem Haupteingang haben Sie in Windeseile hinter sich gelassen. Ihre Oberflächlichkeit zahlt sich immer dann aus, wenn Ihnen weitläufige Bekannte auf dem Campingplatz oder vor dem Dixi in die Arme laufen. »Ja, toll hier. Nee, die Band hab ich verpasst. Ja, die guck ich mir auch noch an. Tschüss dann.« Diese Art des Smalltalks beherrschen Zwillinge wie kein zweites Sternzeichen. Nur Ihre Wissbegierigkeit wird Ihnen am Freitag das Genick brechen. Na, jetzt würden Sie sicher gerne lesen, was dahintersteckt. Warum Ihnen gerade Ihre Wissbegierigkeit das Genick brechen wird? Sie sind sicher schon ganz nervös, wann denn endlich die Antwort kommt. Weil Sie ja so furchtbar wissbegierig sind. Tja, das kommt dann so ... Ach, lassen Sie sich doch einfach überraschen.

Krebs (22. Juni bis 22. Juli)

Allgemeine Eigenschaften: sensibel, treu, launenhaft, nachtragend

Krebse sind, ihren Eigenschaften nach, entweder Frauen oder dem eigenen Geschlecht zugetane Männer. Diese beiden gesellschaftlichen Randgruppen sind vereinzelt auch auf dem W:O:A anzutreffen und stehen dort vor den gleichen Problemen: die hygienischen Mängel, die Unterrepräsentation der Farbe Rosa (Ausnahme: Die fidelen Franken von *J.B.O.* laden zum Konservenlachen ein.) und zu wenige Spiegel. Am Freitag raubt Ihnen ein nachmittäglicher Regenguss den letzten Spaß an der Sache, verdreckt und durchnässt sitzen Sie in Ihrem zugecampten Auto und hadern mit der Welt. Nicht verzweifeln, denn nach Regen kommt der Regenbogen, den Sie ja so schätzen. Sätze wie »Nächstes Jahr fahr ich trotzdem lieber wieder zum Christopher Street Day« sollten Sie im Überschwang der Gefühle lieber nicht zu laut sagen, auch wenn *Judas Priest* der Headliner und Metaller als solche furchtbar tolerant sind. Genießen Sie still das Konzert und verhalten Sie sich ansonsten so, wie Sie es in einem Fußballstadion tun würden. Interessiert gucken und den Impuls unterdrücken, sich alle zwei Minuten die Nase zu pudern. So wird das Wochenende zu einem vollen Erfolg.

Löwe (23. Juli bis 23. August)

Allgemeine Eigenschaften: stolz, narzisstisch, mutig, egozentrisch

Da haben wir ihn endlich: der Löwe, König der Tiere. Ist es ein Zufall, dass dieses über allen anderen stehende Sternzeichen gerade den Zeitraum umfasst, in dem das Wacken Open Air stattfindet? Ja, purer Zufall, aber bei Betrachtung der Eigenschaften wird schnell klar, dass nur wenige Fans im Zeichen des Löwen geboren wurden. Nein, dies muss das Sternzeichen der Musiker sein. Stolz erscheinen Sie auf dem Gelände, umgeben von Ihrer Entourage, die Ihnen bei Notstand das Kokain mittels Strohhalm direkt ins Hirn bläst. Narzisstisch aalen Sie sich im Bühnenlicht und fordern minderjährige Fans auf, die Möpse zu zeigen. Mutig wagen Sie sich mit halbgaren Kompositionen auf die Bretter und erwarten, dass die Menge bei jeder noch so lächerlich überflüssigen Note ausrastet. Doch bevor Sie überhaupt anreisen, überreichen Sie dem Veranstalter erst mal eine Liste mit Dingen, die unbedingt vor Ort sein müssen, weil andernfalls für das Wohlbefinden des Herrn Weltstar nicht garantiert werden könne. Die Egozentrik tropft aus jedem einzelnen Buchstaben dieser so genannten Tour Rider. Mal fordern Sie einen Strauß Silphium für die Garderobe (leider ist diese Pflanze seit der Zeit von Kaiser Nero ausgestorben), dann trinken Sie plötzlich nur noch polynesisches

Mineralwasser, handgeschöpft und exakt temperiert. Ja, lieber Löwe, an diesem Wochenende werden Sie sich vor 80.000 Fans als Superstar fühlen können, sich Bestätigung holen, sich abfeiern lassen. Aber spätestens am Dienstag hocken Sie wieder bei der Alten auf der Couch, schlürfen lauwarmen Apfelsaft und gucken hilflos zu, wie Ihre Bälger den sündhaft teuren 3D-Fernseher in Stücke treten, während die Katze direkt vor Ihnen auf den Teppich kotzt. Und wissen Sie was? Sie haben's verdient!

Warum Iron Maiden doch plötzlich auf dem W:O:A spielten und beim zweiten Mal versagten

Das größte Heavy Metal-Festival Europas und die größte europäische Heavy Metal-Band aller Zeiten (kein Widerspruch!) kamen bis zum Jahre 2008 einfach nicht zusammen. Dafür gab es einen Grund, dachte sich James-Till Bondwächter, und schrieb ein abgehörtes Telefonat zwischen Holger Hübner und *Iron Maiden*-Manager Rod Smallwood an dieser Stelle nieder (Originalversion von 2005 und überarbeitete Version von 2007). Nun steht hier ein anderer Text, denn 2008 und 2010 bequemten sich die Eisernen Jungfrauen doch tatsächlich gen Schleswig-Holstein. Und das, obwohl Wacken noch nicht mal über einen Flughafen verfügt. Doch während der Auftritt 2008 ob seiner Klassikerdichte allenthalben für feuchte Höschen und Augen sorgte, geriet der Besuch 2010 zu einer mittleren Katastrophe. Das wiederum illegal abgehörte und anschließend völlig verfälscht wiedergegebene Telefonat fand Anfang 2010 statt und wird hier zum ersten Mal der gelangweilten Öffentlichkeit präsentiert. Wenn die Telekom zweimal klingelt.

Rrrring

Smallwood: Der Sheriff von Huddersfield höchstpersönlich am Apparat.

Hübner: Moin. Mein Name ist Holger Hübner, und ich rufe an, weil ...

Smallwood: Ich hab gerade überhaupt keine Zeit. Ich muss nach Los Angeles.

Hübner: Gut, geht auch ganz schnell. Wir vom Wacken Open Air ...

Smallwood: Kenn ich nicht.

Hübner: Nun, Wacken liegt in Norddeutschland und ist Heimat des größten Heavy Metal-Festivals Europas, wenn nicht der ganzen Welt. Ihr habt 2008 ne riesige Show bei uns gespielt.

Smallwood: Ah, du rufst aus Deutschland an? Bier, Krauts, Nazis und so. Hohoho ...

Hübner: Ja, von mir aus. Es geht um den Festival-Samstag, da würden wir *Iron Maiden* sehr gerne wieder als Headliner auf der großen Bühne sehen. Um 21 Uhr, mit fetter Light-Show, Pyros und natürlich Eddie. Wie auch immer, wir könnten euch ein grandioses Angebot machen, 600.000 ...

Smallwood: 600.000? Hört sich gut an. Stellt schon mal sechs Koffer bereit. Silber, mit Schaumstofffütterung. Hohoho ...

Hübner: Wir können euch das natürlich so aufteilen, wenn's sein muss.

Smallwood: Wie, aufteilen?

Hübner: Na ja, sechs Koffer zu je 100.000 Euro.

Smallwood: Hohoho, der Kraut macht Spaß. Erstens reden wir hier über britische Pfund und nicht über euer Spielgeld vom Festland. Ich denke, wir waren schon mal bei dir. Außerdem müssen natürlich 600.000 in jedem Koffer sein.

Hübner: Wie bitte? 600.000 Pfund für jedes Bandmitglied?

Smallwood: Blödsinn. Ein Koffer ist für mich. Der Yannick Gers bekommt was zu essen und einen trockenen Platz zum Schlafen. Und Nicko McBrain lahmt am rechten Huf, der kriegt nur 100.000 pro Auftritt. Den Rest nehme ich in Verwahrung, bis es ihm wieder besser geht, hohoho. Um welches Festival ging es doch gleich?

Hübner: Wacken Open Air.

Smallwood: Kenn ich nicht.

Hübner: Deutschland. Größtes Heavy Metal-Festival der Welt. Ihr wart vor zwei Jahren schon mal da.

Smallwood: Hm, so ein Ausflug nach Bayern hätte natürlich was. Da könnten wir mal wieder unseren Freund Rudolph Moshammer besuchen.

Hübner: Der ist tot. Von 'nem Iraker erwürgt. Abgesehen davon ist es von Wacken schon ein kleines Stück bis nach Bayern, aber wir stellen euch natürlich Limousinen.

Smallwood: Ein Flugzeug wäre besser. Der Dickinson macht das schon. Und dass der Mosi in Bagdad war, um mit den Amis zu kämpfen und dann von einem Iraker erwürgt wurde, glaub ich dir nicht. Ihr Deutschen habt echt einen seltsamen Humor. Um welches Datum geht es eigentlich bei diesem Dings-Festival?

Hübner: Der erste Samstag im August, so wie immer.

Smallwood: Echt? Kann ich mich jetzt nicht erinnern. Erster Samstag im August ist übrigens schlecht, wie ich gerade sehe. Da hat die eine Tochter vom Steve Harris Plattenaufnahmen, und Papa muss mit. Das arme Ding weiß ja nicht mal, wie rum sie ihr Mikro halten muss. Könnt ihr das Festival nicht verschieben, auf, sagen wir mal, Mitte Oktober?

Hübner. Nein, das ist leider nicht möglich. Wir haben schon 35 Bands für den Termin gebucht.

Smallwood: Ach, da kommen noch andere Bands? Hm, das verkompliziert die Situation natürlich. Um 200.000 Pfund pro Mann, würde ich sagen. Hohoho ...

Hübner: Das Festival geht über drei Tage, da müssen noch andere Bands spielen. Das hat doch nichts mit *Iron Maiden* zu tun. Mensch, ihr wisst doch, wie es läuft!

Smallwood: Aber klar. Backstage wuseln unzählige zweifelhafte Gestalten herum, das heißt, wir brauchen mehr Security. Allein schon mal sechs Mann, die das Catering bewachen. Diese Amateurbands sind immer besonders hungrig. Außerdem kommt bei solchen Veranstaltungen immer was weg. Hier mal eine Gitarrensaite, da ein Stimmgerät. Das muss ja irgendwie ausgeglichen werden.

Hübner: Aber doch nicht mit 1,2 Millionen Pfund zusätzlich. Ich meine, wir haben 70.000 Maiden-Freaks auf dem Platz, weltweit gute Presse ohne Ende, und eure T-Shirts könnt ihr von mir aus für 50 Euro pro Stück verticken. Das ist doch auch ein Imagegewinn für euch.

Smallwood: Hohoho, Imagegewinn. Du machst den Job noch nicht lange, oder?

Hübner: Nö, noch keine 20 Jahre.

Smallwood: Merkt man. Weißt du, wie mein Steuerberater den Imagegewinn berechnet? Null plus null gleich null. Hat ja auch keiner was von. Im September war das, hast du gesagt?

Hübner: Nein, im August. Also gut, insgesamt 4,8 Millionen Pfund auf sechs Koffer verteilt, Hauptbühne, Headlinerstatus, 5-Sterne-Hotel im Hamburg, Limousinen oder wahlweise ein eigenes Flugzeug, wenn ihr das Grab vom Moshammer besuchen möchtet. Können wir auf dieser Basis weitermachen?

Smallwood: Nein, ich hab meinen Terminkalender gerade nicht da.

Hübner: Wieso, ich dachte, der Harris ...

Smallwood: Ja, die Termine vom Harris stehen im Terminkalender vom Harris. Den hab ich da. Aber meiner ist im Koffer. Vielleicht hab ich ja einen Zahnarzttermin im Juli, wer weiß? Da kann ich jetzt unmöglich einen Termin in Dänemark festmachen.

Hübner: August und Deutschland! Dann hol den Kalender doch einfach wieder aus dem Koffer raus.

Smallwood: Geht nicht, steht ein paar tausend Meilen entfernt. Wenn er nicht geklaut wurde, hohoho ...

Hübner: Ach, der ist schon in Los Angeles?

Smallwood: Ne, in London. Ich bin in Los Angeles. Hatte ich vorhin verwechselt.

Hübner: Gut, wie machen wir es dann?

Smallwood: Ich hab ne Idee, wie wir diese unerfreuliche Unterhaltung vielleicht in die richtige Bahn lenken können. Wie du sicher weißt, haben *Iron Maiden* seit der »Brave New World« kein vernünftiges Album mehr rausgebracht. Harris pult sich alle drei Jahre ein paar B-Seiten aus dem Horn, das war's.

Hübner: Ist mir bekannt.

Smallwood: Schön, dann erahnst du vielleicht auch, dass sich die aktuellen Verkaufszahlen schlecht mit unseren Lebensstandards vertragen. Wir brauchen einfach mehr Werbung für das akustische Gammelfleisch. So ein Gebiss aus Meissener Porzellan ist in der Pflege ganz schön teuer. Vor allem bei McBrain. Wie auch immer, wir kommen zu deinem komischen Festival nach Holland, aber die Jungs spielen eine ausgewählte Setlist mit ihren langweiligsten Songs, die kein Mensch braucht. Und davon haben wir mittlerweile ne ganze Menge. Das kostet dich schlappe 500.000 Pfund extra, weil wir die extra lernen müssen. Ach ja, und der Dickinson darf sich aufführen wie Lady Gaga auf Koks. Ich würde sagen: Deal. Wir sehen uns also im Juni in Hessen. Stellt den Apfelwein kalt.

Klack

Hübner: Ach scheiße, ich glaube, das mit den Songs schreibe ich lieber nicht auf die Plakate.

Internationale Beziehungen

Freunde der fortgesetzten Geschichtsschreibung werden wissen, dass speziell im mittelalterlichen Europa mehr grauselige Kriege geführt wurden, als *In Extremo*, *Subway To Sally* und *Schandmaul* mit ihrem Romantikkitsch rückwirkend werden zukleistern können. Hoffe ich wenigstens. Mal böllerte das ach so neutrale Schweden im Harz herum, dann standen schon wieder die Türken vor Wien, und erst neulich (im Verhältnis gesehen) machte sich der Russe in Berlin breit. Und Germanien/das Heilige Römische Reich deutscher Nation/der deutsche Nationalstaat/das Dritte Reich immer mittendrin statt nur dabei. Preußen ja sowieso. Nach dieser ganzen Ein- und wieder Ausmarschiererei ist es also purer Zufall, dass über dem Wacken Open Air die bundesdeutsche Flagge weht und nicht etwa die dänische oder gar französische, was uns zu einem kleinen Gedankenspiel führt: Wie sähe es wohl aus, wenn unsere geliebten Nachbarn von nah und fern das Großereignis W:O:A ausrichten würden? Eine Reise in die gute alte Zeit der Klischees, als Europa nicht mehr war als ein Kontinent und eine Weltreise mindestens 80 Tage dauerte.

Italien

Statt mehrerer Veranstalter gibt es nur einen: den reaktivierten Silvio »Bunga Bunga« Berlusconi. Weil der Mann prinzipiell an allem mitverdient, was in Italien so verkauft oder geklaut wird, reißt er sich natürlich gleich das komplette W:O:A unter die gierigen Nägel, inklusive Live-Berichterstattung in seinen 27 TV-Kanälen. Der Neu-Papst, sonst ja immer mit einem flotten Kommentar zu allen Ungerechtigkeiten dieser Welt auf den zittrigen Lippen, hält sich in Sachen Italo-Connections einmal mehr auffallend zurück. Kein Wunder, schließlich hat Berlusconi vor einigen Jahren den Vatikan gekauft und bar bezahlt. Als Security-Chef verteilt Terence Hill Kopfnüsse an aufmüpfige Stagediver, während sich Sophia »Lange her« Loren im Wackingerino-Dorf nackig macht. Bis auf die Mumienologen von *Nile* will das aber keiner sehen, weshalb *Rhapsody Of Fire* im Rahmen ihrer Headliner-Gigs (Donnerstag, Freitag und Samstag) die Mp3-Player vor einer schier unglaublichen Menschenmasse starten dürfen. Um die Dreifachansetzung zu rechtfertigen, spielen die Herren um Gitarrero Luca »Vivaldi war gut, aber ich bin besser« Turilli drei verschiedene Sets, was aber nicht mal der Band selbst auffällt. Die Klos stinken genauso wie in Norddeutschland, nur hier wird die Sauerei mit »südländischem Charme« gerechtfertigt.

Tschechei

Hui, das sind doch mal Preise. Ein Konzertticket für 30 Euro, ein Becher Bier für 80 Cent und eine willige Slawenschlampe für ... Ach Mist, die sind ja alle in Ungarn und drehen Filme. Trotzdem stellt sich die Frage, warum noch niemand auf die Idee gekommen ist, das Wacken Open Air in dieses schöne Land auszulagern. Rein geographisch gesehen liegt es relativ mittig, die einheimische Küche unter Vorsitz von Dr. Alfred »Mmh« Biolek gehört zu den gehaltvollsten der Welt, und das Preisniveau ist für alle Europäer (bis auf die »Neueinsteiger«) der reine Wahnsinn. Außerdem bekommt jeder Festivalbesucher einen Teil seiner Kosten von der EU erstattet, schließlich wird hier der Osten subventioniert. Okay, die eine oder andere Ami-Band hat vielleicht Vorbehalte, hinter dem ehemals Eisernen Vorhang aufzutreten (zum Beispiel *Lamb Of God*, hüstel), aber wenn's ihnen keiner verrät ... Von alleine kommen die jedenfalls nie drauf, dass sie nicht mehr in Deutschland oder Österreich sind. Und wen die indiskutabel versauten Klos nerven, der soll halt nach drüben gehen.

Norwegen

Brr, ganz schön kalt für ein Open Air. Die Black Metal-Fraktion (also 98 Prozent aller Anwesenden) lässt sich die miese Laune aber nicht verderben und bellkeift ihren Hass auf Christen, Juden, Moslems, Nachttischlampen, Kaninchenköttel und den eigenen Kontostand in die Mitternachtssonne. Rund um den Austragungsort gibt es kein Lebewesen, das nicht mit amtlichem Corpsepaint unterwegs ist. Selbst der Köter vom örtlichen Eisblumenhändler glotzt schwarz-weiß durch die Gegend. Gerüchten zufolge soll es sich bei dem Vierbeiner um den ehemaligen Frontkläffer Legion von *Marduk* handeln, aber bestätigen kann das niemand. So ist das im Land der Trolle, Seemonster und Wikinger-Zombies. Mythen in Tüten für alle und auf dem Gelände für rund 35 Norwegische Kronen erhältlich. Nicht erhältlich sind T-Shirts mit Festivalaufdruck. Für die drei Tage, in denen man hier ärmellos durch die Gegend stapfen kann, lohnt das nicht. Dafür gibt es schicke Pudelmützen, Schals und lange Unterhosen, wahlweise mit umgedrehten Kreuzen (allover) oder brennenden Kirchen (gestickt). Das Klo-Problem ist hier weitgehend unbekannt, denn der Kot friert binnen Sekunden fest und kann problemlos in kleine Stückchen gebrochen werden. Das ist der sogenannte »Toblerone-Effekt«, also Augen auf beim Schokoladenverzehr! Weiterer Vorteil: Das Bier kostet noch mehr Vermögen als in Wacken, dafür ist der selbstgebrannte Schnaps (Moonshine) recht günstig. Hey, warum wird denn plötzlich alles schwarz?

Frankreich

Endlich mal keine Schlangen vorm Einlass. Da die gesamte Metal-Szene in Frankreich nicht mehr als 300 Leute umfasst, braucht auch keiner für Bier anzustehen, und wer vor der Bühne jemanden anrempeln will, muss schon sehr genau zielen. Die Franzmänner – für ihren Eigensinn bekannt – haben selbstverständlich nur einheimische Bands verpflichtet. Als da wären: *Eternal Flight*, *Manigance*, *Adagio* (zumindest teilweise französisch) und als Headliner die große Reunion von *Trust*. Für so ein Billing lohnt sich nicht mal das Zeltaufbauen, was wiederum dem optischen Erscheinungsbild der Klos entgegenkommt. Aber: Selten haben blitzsaubere Toiletten so trostlos gewirkt.

St. Kitts und Nevis

Ja, welche bessere Umgebung für ein Wacken Open Air könnte es geben als den Inselstaat St. Kitts und Nevis? Mitten in der Karibik gelegen, schipperten hier schon Captain Jack Sparrow und seine Kumpanen in seichten Gewässern, um unbedarften Kinogängern die letzten Dublonen aus der Geldkatze zu juxen. St. Kitts und Nevis ist aber nicht nur für steinreiche Keith Richards-Doppelgänger bekannt, sondern auch für traumhafte Tauch- und Hochseeangelbedingungen. Wenn die Bands also wieder mal nur Schulterzucken hervorrufen, kann problemlos anderen Hobbys gefrönt werden. Wobei, richtig viel Platz ist nicht, die beiden Inseln bringen es zusammen ungefähr auf die Fläche von Bielefeld. Allerdings gibt es hier eine der höchsten Mordraten der Welt (also auf St. Kitts und Nevis, nicht in Bielefeld), was ein weiteres Problem lösen würde. Denn einfach ist das Eiland mit den reizbaren Bewohnern nicht zu erreichen. Da muss die »Mein Schiff 2« schon ein paar Mal zwischen Büsum und der Karibik kreuzen, bevor die ganze Blase Metalheads auf- und wieder abgeladen ist. Auf dem Rückweg sind es dann ja glücklicherweise bedeutend weniger Menschen, die heim an den Zivilisationsherd wollen, zumal im August die Hurrikan-Saison ihren Höhepunkt feiert. Insofern könnten die Veranstalter gleich noch einen Abenteuer-Aufschlag für die Tickets verlangen. Rain or Shine!

USA

Barack Obama persönlich hat die Schirmherrschaft übernommen und freut sich, Gäste aus aller Welt begrüßen zu dürfen. »Yes, we can organize this festival«, versprach er im Vorfeld vollmundig, im realen Leben sieht alles aus wie unter seinen Vorgängern und Nachfolgern (Trump mal ausgenommen). Jeder Nicht-Amerikaner durchläuft eine rund neunstündige Kontrolle am Flughafen von Dallas, inklusive Darmspiegelung. »So, Sie kommen aus der Türkei und wollen in unserem schönen freien Land ein Heavy Metal-Festival besuchen. Warten Sie, da muss ich mal nachschlagen. Oh, hier steht, dass die Türkei muslimisch und Heavy Metal die Musik des Teufels ist. Sie sind demnach ein satanischer Moslem und dürfen nicht einreisen. Nein, nach Hause dürfen Sie auch nicht, Sie werden umgehend von einer unserer Fachkräfte erschossen. Einen schönen Aufenthalt ...« Die, die doch durchkommen, blicken entgeistert auf die Running Order: *Korn*, *Slipknot*, *Linkin Park*, die *Red Hot Chili Peppers*, *Eminem*, *Ice Cube*, *Snoop Dogg*, *Crazy Town* und *Velvet Revolver*, dazu eine eigene Metalcore-Bühne und T-Shirt-Preise um die 70 Dollar. Für fast geschenkte 25 Dollar gibt es ein signiertes Foto von Sharon Osbournes Lieblingshund, der zudem persönlich anwesend ist. Statt Bier wird amerikanisches Budweiser ausgeschenkt, und wer einen Patronengurt umgelegt hat, bekommt vom FBI (so nennt sich die Security hier) einen Gratisaufenthalt in Keinerweißwoundwielange spendiert. Das Festival als solches wird nicht von einer Band, sondern von einem Prediger eröffnet, der in seiner rund dreistündigen Ansprache Satan die Schuld an allem gibt, was in dieser Welt daneben geht. Die anschließend auftretenden *Dimmu Borgir* werden vom wütenden Mob konsequenterweise gesteinigt. Auf den Klos sieht es aus wie immer, nur dass in den Kothaufen ganze Büffelschädel stecken, was am heimischen Barbecue liegen könnte. Wenigstens ein Punkt auf der nach oben offenen True-Skala.

Israel/Palästina

Quasi ähnlich wie in den USA, nur dass der Check bei der Einreise durchschnittlich zwölf Stunden pro Person dauert und satanisch-muslimische Besucher bereits beim Anflug per Boden-Luft-Rakete über ihren aktuellen Rang in der Beliebtheitsskala der lokalen Behörden informiert werden. Als Veranstaltungsort bestimmt die Regierung das kleine Städtchen Dschulis in Westgaliläa, was wiederum die Palästinenser erzürnt, die nur einen Steinwurf beziehungsweise Hubschrauberangriff entfernt wohnen und natürlich keinen Zutritt zum Festivalgelände haben. Als Reaktion stampfen die notorischen Schaltträger das Gegen-Festival »Nur Lullis spielen in Dschulis« aus dem Boden, die israelische Armee stampft es binnen weniger Minuten jedoch genau dorthin zurück. Da waren die Kollegen aus Hamburg mit ihrem »Nur Spacken spielen in Wacken« anno 1996 etwas erfolgreicher, wenn auch ungleich alberner. Aufgrund der hohen Sicherheitsstufe will in Dschulis allerdings keine Stimmung aufkommen. Auch die beiden Selbstmordattentäter, die sämtliche Barrieren durchbrechen und sich auf der Mainstage in die Luft jagen, sorgen nur für kurze Erheiterung. Solche Pyroeffekte sieht man bei den Freiluftfestspielen von Kabul alle zwei Minuten. Die gerade spielenden *Mayhem* (hier natürlich von aufgespießten Schafsköpfen umringt) lassen sich deshalb auch gar nicht aus der Ruhe bringen und schwenken weiter ihre blutbefleckten Instrumente mit umgedrehten Davidsternen drauf. Na ja, zumindest sind die Klos koscher.

Volksrepublik China

Boah, was ist denn hier los? Mit rund 12,9 Millionen Fans verzeichnet das Peking Open Air den absoluten Besucherrekord. Okay, die kommunistische Regierung hat jenen 12,9 Millionen das Erscheinen befohlen, und so ganz sicher kann man sich bei den Angaben der offiziellen Zahlen auch nicht sein.

Der Kommunist frisiert sein Zahlenwerk ja gerne mal, außerdem sehen die da drüben eh alle gleich aus. Und dann dieses eingemeißelte Dauergrinsen, die ewigen Verbeugungen und der sonderbare Fraß. Pandaleber süß-sauer schön und gut, aber 'ne Portion Pommes mit Majo würde es zum Frühstück ja auch mal tun. Nichtsdestotrotz ist die Stimmung prima. Immer wenn der lokale Parteivorsitzende – der von einer klimatisierten Loge aus das Geschehen beobachtet – klatscht, klatschen die 12,9 Millionen ebenfalls. Wie weiland in Leipzig bei der HJ (Honecker Jugend), nur noch synchroner und ohne diesen furchtbaren sächsischen Dialekt, der auch aus einer wunderschönen Frau ein nicht zu verwertendes Gen-Bündel mit Fleischüberzug macht. Anders im Land der kultivierten Schlitzaugen, hier wird Mandarin nicht gepellt, sondern gesprochen. Aufgrund der rund 50.000 Schriftzeichen ist es für den mitteleuropäischen Headbanger aber nicht ganz so einfach, sich binnen weniger Tage in die Landessprache einzufuchsen. Ein Schild mit den Zeichen für »Hier bitte nicht campen, das Gelände ist aufgrund von Raketentests radioaktiv verseucht, da wir demnächst Japan und/oder Taiwan überfallen werden und schon mal ein bisschen üben mussten« wird so schnell übersehen. Und was die Klos angeht: Folgen wir dem großen chinesischen Philosophen Laotse, der sagte: »Wunschlosigkeit führt zu innerer Ruhe.« Oder direkt in die Sklaverei, aber das darf man hier ja nicht laut sagen.

Australien

Scheiß Bahnverbindung (von Deutschland aus gesehen), scheiß Sonne, scheiß Land. Dass die Nummer hier nicht funktioniert, hätte eigentlich jedem vorher klar sein müssen. Aber bitte, als Weltbürger lässt man ja nichts unversucht. Irgendwo zwischen Perth und Darwin liegt die Gibsonwüste, in der entgegen aller Annahmen aber auch nur Sand und keine Gitarren herumliegen. Von elektrischen Anschlüssen für selbige gar nicht zu reden. *Rose Tattoo* spielen ihrem Alter entsprechend ein sülzödes Akustikkonzert, *Pegazus* reformieren sich unter Ausschluss einer irgendwie interessierten Öffentlichkeit in der Originalbesetzung, und *AC/DC* waren wie immer zu teuer. Bleibt nur Sandburgen bauen, zwei Bier (Foster's) trinken und aufgrund der direkten Ozoneinwirkung ins Koma fallen. Okay, viel mehr machen die meisten Wacken-Besucher auch in Norddeutschland nicht, nur dass im kühlen Schleswig-Holstein geschätzte 98 zusätzliche Biere (Beck's) für den gleichen Effekt nötig sind. Eine Einsparung, die von den Reisekosten aber wieder aufgefressen wird. Dafür wird man schön braun, und in Sachen Klos gibt es hier draußen endlich mal keine Probleme. Einfach ein Loch in den Sand buddeln, reinjauchen, zubuddeln, fertig. Und mal im Ernst, wer sich einmal im Leben den Hintern mit einem frisch gebeizten Kängurufell abgeputzt hat, kommt mit ordinärem Toilettenpapier zukünftig gar nicht mehr klar.

Vegan im Land des Büffels

Samstag, der fünfte August anno Zweitausendsechs. Unzählige Besucher des Wacken Open Air reiben sich verwundert die Augen. Ein paar buntbemalte Kurzhaar-Gören mit zum Teil dunkel bemalten Glubschaugenrändern und Kotletten aus dem Museum der irischen Arschfickerbewegung (1877-1912) toben übers Geläuf und scheinen sich über irgendetwas furchtbar aufzuregen. Hab ich die falsche Ausfahrt erwischt und bin bei den Karl-May-Spielen von Bad Segeberg (ohne Winnetou) gelandet, fragt sich nicht nur der Autor dieser Zeilen in diesem Moment. Leider nein, denn es sind *Caliban*, die da den frisch angebrochenen Tag verunreinigen. Metalcore auf dem W:O:A? Moment mal! Muss das wirklich sein? Nein, aber wenn es bei diesem einen Ausrutscher geblieben wäre, hätte man zumindest drüber hinwegsehen können. Doch bereits 2007 hat sich die Brut über das ganze Billing verstreut und wuchert seitdem weiter wie Schimmelpilze unter den Fliesen im Badezimmer. Um diesem Wahnsinn Einhalt zu gebieten, wird an dieser Stelle ein offener Brief abgedruckt, der sich an alle Metalcore-Bands und deren Anhänger richtet. Bitte lesen, den Inhalt weiterverbreiten und danach unauffällig von der Bildfläche verschwinden. Danke!

Liebe geschminkte Buben und pubertierende Mädchen,

das Wacken Open Air wurde im Jahr 1990 aus dem Acker gestampft, weil ein paar Langhaarige Fleisch grillen, Bier trinken, rauchen und Heavy Metal hören wollten. Mit diesem Einleitungssatz ist eigentlich auch schon alles gesagt, denn er schließt euch in jedem Punkt aus. Glaubt ihr nicht? Na denn: Erstens ist Metalcore kein Metal (nein, nicht anfangen zu weinen, es ist einfach so). Wenn sich ein Bürschchen hinter ein Mikro klemmt und mit teils brüllender, teils wehklagender Stimme über seinen letzten Skateboard-Unfall singt, ist das in den Augen eines erwachsenen Menschen vielleicht skurril, bestenfalls lustig, hat aber bestimmt nichts mit der Musik zu tun, derentwegen man angereist ist. Zweitens tragt ihr in den seltensten Fällen lange Haare, sondern seht in der Regel aus wie eine Rummelplatzversion von Andreas Türck (was nicht einfach ist). Dieser Umstand wäre vielleicht gerade noch zu verschmerzen, wenn es nicht den dritten Punkt geben würde: Rauchen? Trinken? Fleisch grillen und anschließend auch noch verzehren? Unmöglich! Okay, die Hälfte von euch ist noch zu jung, um im Supermarkt eine Packung Glimmstängel oder ein alkoholhaltiges Milchmischgetränk zu erwerben, aber die andere Hälfte lehnt es aus ideologischen Gründen ab. Straight Edge heißt der Irrweg, oftmals verbunden mit einer modernen Seuche, die sich Veganismus schimpft und besonders bei femininen Artgenossen regen Zulaufs erfreut. Ein Open Air ohne ein einziges Bier zu bestreiten ist ja schon irgendwie krank, jedoch ausschließlich Bananen auf den Grill zu legen, grenzt an Wahnsinn. Oder esst ihr die auch nicht, weil zur Ernte womöglich ein paar Affen »versklavt« wurden? Hm, Agavendicksaft dürfte jedenfalls durch den Rost tropfen. Nicht dass wir uns falsch verstehen, Heavy Metal ist nicht Musik der passionierten Tierquäler. Aber wenn Wacken eines Tages zur Hälfte aus Tofubuden und Hafermilchbars besteht, bekommen wir normalen Leute gar nichts mehr in den Magen. Hunger, Durst, überall nüchterne 14-Jährige, die im Weg stehen; und dann dieser ewige Adoleszenz-Plärr-Sound! Selbst ihr müsst einsehen, dass das so nicht geht. Außerdem gibt es für Metalcore-Bands doch so viele Gelegenheiten, um sich in die Öffentlichkeit zu begeben: von MTV präsentierte

Realschulfeste, Fußgängerzonen, Einweihungspartys von neuen Greenpeace-Büros. Oder bleibt doch einfach mal zu Hause und daddelt vor der Playstation rum, wie 90 Prozent eurer Altersgenossen auch. Man muss zudem nicht aus jedem missglückten Date mit der Nachbarsgöre einen Song machen. Echt nicht! Lasst euch ein zerbrochenes Herz auf den Arsch tätowieren, dann haben alle was davon. Euer Stecher verdient ein paar Euro, ihr habt auch noch den letzten freien Zentimeter Haut »verziert« (scheint ja eine Art Sport bei euch zu sein), und wir Wacken-Besucher haben unsere Ruhe. Beziehungsweise unseren Heavy Metal, denn darum sind wir da!

Von der anderen Seite des musikalischen Ufers grüßt
Till Burgwächter

Thronfolger

Och nö, wurde in diesem Buch nicht schon genug über Fäkalien und deren Auswirkungen geschrieben? Der Autor sagt nein und weist mit Wonne auf einen Service hin, der seit einigen Jahren auf dem W:O:A angeboten wird und der auf immer mehr Festivals Anklang findet. Die Rede ist vom mietbaren Klo, das für schlappe 125 Euro samt Vorhängeschloss angekarrt wird, und einzig und allein vom Inhaber des goldenen Schlüssels benutzt werden kann. Aktuelle Untersuchungen haben nämlich ergeben, dass ein gewisser Prozentsatz von Menschen nur deshalb nicht auf Open Airs geht, weil die hygienischen Verhältnisse an Dritte Welt ganz unten erinnern. Mit anderen Worten, wir sprechen von Frauen. Die können sich nun gegen einen Wucherpreis vor den Ausscheidungen der Fremden schützen. Zugegeben, die Idee ist auch für Männer verlockend, hat aber leider einen massiven Haken: Um den Neid der anderen Besucher ohne Lizenz zum alleinigen Abseilen nicht zu schüren, stehen die Mietklos irgendwo in der Botanik. Wenn nun die Natur ihr Recht auf Recycling durchsetzt und besagtes Wesen entweder vor der Bühne oder im eigenen Zelt herumlungert, dann ist der schwierigste Teil des Tages noch nicht überstanden. Aufgrund der übermäßigen Alkoholzufuhr und der rudimentären Ernährung spielt die Verdauung auch schon gerne mal verrückt, was die Zeit zwischen dem Verspüren eines gewissen Druckes und der Entladung desselben nicht unbedingt verkürzt. Von halbstündigen Gewaltmärschen mit prall gefülltem Darm und/oder Blase ist abzuraten, wie ich aus eigener Erfahrung berichten kann. Diese sind jedoch notwendig, um die eigenen vier Plastikwände zu erreichen und sich in Ruhe dem Gefühl der Erlösung hinzugeben. Deshalb wäre es vielleicht schlauer, 25 Piepen in Windeln zu investieren und den Rest einfach zu verjuxen. Festivals waren, sind und werden niemals ein Hort der Sauberkeit sein. Von dieser Illusion sollte sich ein jeder schnell verabschieden. Doch apropos Geld verjuxen: Wenn das Wacken Open Air auf eine Idee kommt, dann ist der nächste Raubvogel in der Verwertungskette meist schon in Sichtweite. Korrekt, wir sprechen von Nuclear Blast, die in ihrem Merch-Shop eine Festival-Toilette anbieten, die das große Geschäft noch entspannter ermöglichen soll. Für nur noch 90 Euro wird hier ein Gestell samt Brille angepriesen, auf die sich der Verdauende hocken soll. Unter der Brille ist erst mal nichts als Natur, aber natürlich liefert der Versand aus dem Schwäbischen gleich acht biologisch abbaubare Toilettentüten mit. Großartig: frisch abgezapft und gleich verpackt. Nur zielen muss man vermutlich noch selber. Da klatscht der Schäferhund Applaus, wenn Frauchen und Herrechen nicht mehr nur seine Notdurft im Stadtpark einsammeln, sondern sich in Zukunft gleich daneben hocken. Und wenn der Partner mit einem Handtuch oder einer Plane bewaffnet um den kleinen Thron herumschleicht und den Sichtschutz mimt (der ist leider nicht im Lieferumfang enthalten), dann hebt das die Beziehung doch gleich auf eine neue Ebene. Und damit sich nach dem Abfüllen niemand mehr die Hände schmutzig machen muss, hat der Klappersitz einen ausziehbaren Toilettenpapierhalter aus Edelstahl, an dem man zur Not auch halbe Hähnchen in der Sonne braten kann. Wenn man nun bedenkt, dass ein durchschnittlicher Mensch in seinem Leben rund sechs Monate auf dem Klo verbringt und dabei ca. 2900 Kilo ausscheidet, kommen da ganz schön viele Tüten zusammen. Oder Hähnchen. Vielleicht sollte man die Verdauung wirklich ganz einstellen?

Auf der Suche nach den Wurzeln

Ein Abend im Reich der lebenden Toten

Neulich im Januar, nachmittags um viertel vor vier. Bei mir zuhause klingelt das Telefon. Das ist nicht ungewöhnlich, denn um diese Zeit beenden meine arbeitslosen Kumpels meistens ihre Nachtruhe und fangen an, sich zu langweilen. »Playstation spielen, wenn es draußen noch hell ist, finde ich irgendwie asozial«, sagt mein Genus-Genosse Bernie immer, wenn er mich um diese Uhrzeit von der Arbeit abhält. Und auch wenn ich ihn nicht wirklich verstehe – schließlich findet er es offenbar nicht asozial, morgens um vier in einen Straßenbahnwagon zu pinkeln –, so habe ich mich zumindest daran gewöhnt. Am anderen Ende meldet sich an diesem Tag jedoch kein ausgeschlafener Exhibitionist, sondern mein Onkel Harry. »Hallo Neffe, alles bereit für nachher?«, brummt es aus dem Hörer. »Öh, prinzipiell schon«, antworte ich verdutzt und verkneife mir die dringend notwendige Frage, wofür denn bereit und was dieser Anruf überhaupt soll. Dazu muss man wissen, dass mein Onkel Harry und ich uns zwar gut verstehen und auch kaum 20 Kilometer voneinander entfernt wohnen, außerhalb von familiären Festivitäten in der Regel aber keinerlei Kontakte pflegen. »Okay, in zwei Stunden vor der Stadthalle. Karten hab ich«, orakelt Onkel Harry und legt auf. Nun ist Tach in der Nachtmütze im Hause Burgwächter. Wo und wann habe ich den Mann zuletzt gesehen und zu was habe ich mich mit ihm verabredet? Die Antworten auf diese Fragen gluckern so langsam durch mein Hirn, wie Kaffee durch einen aromaporigen Filter in eine Kanne tropft. Plupp. Erster Weihnachtsfeiertag. Plupp. Familienessen im Gasthaus Zur feuchten Ecke. Plupp. Nach dem Dessert gibt es Jägermeister und Fernet Branca. Plupp. Onkel

Harry meint, Anfang Januar sei in der Stadthalle doch dieses dufte Oldie-Festival mit Suzi Quatro, *Sweet*, der *Rolling Stones Revival Band* und acht weiteren Combos. Plupp. Ich als Heavy Metal-Fan, oder wie das heißt, könne doch mitgehen. Wurzeln kennenlernen und so. Plupp. Mein Mund öffnet sich. Bestelle noch 'nen Jägermeister und sage dann sowas wie: »Hm, könnte ich mal machen.« Plupp ... Au scheiße. Nichts gegen eine kleine Expedition ins Reich unserer antiken Vorväter. Gigs von *Deep Purple*, *Led Zeppelin*, *Black Sabbath*, *Uriah Heep* oder vielmehr denen, die sich rechtzeitig die Namensrechte sichern konnten, lassen sich mit der Besichtigung einer Burgruine vergleichen. Der Putz ist ab, es zieht wie Hechtsuppe, und dort, wo einst der Königsthron stand, kacken heute die Kaninchen hin. Unter historischen Aspekten kann das allerdings durchaus interessant sein. Aber *Sweet* und Heavy Metal? Man besichtigt doch wohl immer noch Burgruinen und nicht die Überbleibsel der Gesindelatrinen. Unter mehrfachem Ausstoß des Satzes: »Ich bin doch noch zu jung zum Sterben« mache ich mich schließlich auf den Weg zur Halle und treffe gerade am Hauptportal ein, als sich Onkel Harry in Sichtweite aus dem Bus wuchtet. Seine nilpferdähnliche Figur wird von einem Hauch aus Lederjacke umspannt. Die graue Autofahrerhose mit dem elastischen Bündchen und die Birkenstocklatschen sitzen zwar gut, retten das Gesamtbild aber nicht entscheidend. »Heute wird gerockt«, sagt Onkel Harry und betritt die Halle. »Jawoll ja«, sage ich und schleiche hinterher. Im Foyer warten diverse Überraschungen auf mich. Erstens: Es sind noch andere Menschen da. Zweitens: Die Autofahrerhose scheint unter den Rockern von vorgestern ein weithin akzeptiertes Kleidungsstück zu sein. Warum auch nicht, lässt sie der Bierkugel vorn doch genügend Bewegungsfreiheit und erweist sich selbst bei weiterer Zuladung als spannungsfrei. Dass auch die etwas weiter unten angebrachte Kugel samt Kimme auf der rückwärtigen Seite immer mal wieder listig über das Bündchen lugt, scheint hier niemanden zu stören. Drittens: Die Menschen, die keine Autofahrerhosen, keine Slipper mit weißen Socken oder Birkenstockschlappen tragen, sind Frauen. Bis knapp über die Kniescheibe (von unten nach oben betrachtet) geht das meist noch in Ordnung, aber spätestens dann beginnt der Eintritt in das optische Sperrgebiet. Wie auflackiert sitzende Leggins wurden meiner bescheidenen Meinung nach mal als Gymnastikhosen konzipiert und können meinethalben auch für den gemütlichen Fernsehabend auf der Couch genutzt werden. Wer sie aber vorsätzlich an öffentlichen Plätzen zur Schau stellt, muss mit Kritik rechnen. Von den seekuhartigen Oberschenkeln möchte ich hier gar nicht anfangen, viel schlimmer ist, dass die meisten der an diesem Abend anwesenden Damen von ihren Männern zu Weihnachten offensichtlich keine Unterwäsche geschenkt bekommen haben und genau diese auch nicht tragen. Open the Gates of Hell. Etwas weiter drüber fehlt es sogar gänzlich an Stoff, aus der knittrigen, Sonnenbank getönten Hautmasse schreit hier und da ein Bauchnabelpiercing verzweifelt um Hilfe. Wieder eine Etage darüber befinden sich – von viel zu wenig Leder umzäunt – die Hängenden Gärten von Babylon, inklusive zweier Gebüsche in Achselhöhe. Noch etwas weiter nördlich blickt man direkt in die fiese Fratze des Rock 'n' Roll. Dort wo Männer Bärte haben, steht Frauen die Wahrheit ins Gesicht geschrieben. 25 Jahre »Kleiner Feigling« im Akkord, da hilft kein Make-Up dieser Welt, sondern höchstens noch eine Schönheits-OP mit dem Sandstrahler von Doktor Kärcher. Und dann noch mal ganz von vorne. Die Nase lässt sich mit etwas Knetmasse nachbilden, heutzutage alles kein Problem mehr. Gerade als ich überlege, ob manche immer noch sogenannte Metal Queen wohl ähnlich aussieht, wenn sie nach dem Auftritt aus der Dusche kommt, erreichen wir den Saal. Auf der Bühne steht ein Mann und singt einen Song zum Playback. Onkel

Harry hat ein Bier in der Hand, steckt sich trotz angezeigtem Rauchverbot 'ne filterlose Fluppe in den Mund und nickt andächtig mit dem Kopf. Nach kurzer Akklimatisierung – wir stehen sehr weit hinten und der Sound ist nicht lauter als ein plätscherndes Gebirgsbächlein – erkenne auch ich das Stück wieder. Nicht dem Titel nach, sondern rein akustisch. Dieser Song läuft manchmal im Hintergrund, wenn obskure Firmen via Fernsehen versuchen, ihre CD-Boxsets an den nostalgisch veranlagten Kunden zu verhökern. »Hey, das ist das Nicht-im-Handel-erhältlich-Lied«, sage ich zu Onkel Harry, aber der ist mental verreist. Ins Jahr 1969, als die Welt noch in Ordnung war. Und da es mich zu diesem Zeitpunkt noch nicht gab, ist es nur konsequent, dass er mich ignoriert. So kann ich mich denn auch viel besser auf die dargebotenen Gesangseinlagen konzentrieren, die die nächsten Künstler so von sich geben. Wie einst Hui Buh auf meinen guten alten Hörspielkassetten taucht alle zehn Minuten ein neues Chartgespenst aus dem Bühnennebel auf. Umbaupausen gibt es nicht, warum auch? So ein DAT-Tape ist schnell gewechselt, und hat es einer der Chart-Veteranen erstmal bis ins Scheinwerferlicht geschafft, erklingt sogleich eine neue Zombie-Hymne. Nach einer halben Stunde ist klar: Hier werden ausschließlich Lieder gespielt, die sich in drei Kategorien einteilen lassen: Kenn ich aus der CD-Boxset-Werbung. Kenn ich aus irgendeiner anderen Werbung für Handys, Salatsoße oder WC-Reiniger. Kenn ich als Coverversion von irgendeinem anderen Trümmerhaufen. Toll, so viele alte Bekannte für nur 56 Euro. Apropos, Onkel Harry hat derweil einen Kumpel namens Walter getroffen, und die beiden schlucken mehr Bier in der Minute als mein Auto Benzin auf hundert Kilometer. Dies bleibt allerdings nicht ohne Folgen, schließlich kann auch ein Organ wie die Leber auf die Uhr gucken und sehen, dass es schon viertel nach 1969 ist. So kommt es, dass Walter im Suff eine Packung Fluppen fallen lässt und sich danach bückt. Diese Bewegung kommt für seine Autofahrerhose überraschend, weshalb das Kleidungsstück der ihm angetragenen Verhüllungsaufgabe nicht mehr nachkommen kann. Ich lausche gerade einem unglaublich miesen Mick-Jagger-Double, als schräg unten links plötzlich der Vollmond aufgeht. Walter tastet immer noch nach seinen Rauchwaren, während sich sein Hinterteil weiter entblößt. Pi mal Daumen dürfte das ein Schlitz von gut sechzig Zentimetern sein. Ich bedauere in diesem Moment inständig, dass ich mein Fahrrad nicht dabeihabe, wo mich doch jetzt so ein schöner Fahrradständer anlächelt. Bevor es noch peinlicher wird, verziehe ich mich in Richtung Toilette. Auf dem Weg dorthin entdecke ich, dass in den zahlreichen Gängen der Halle Fernseher aufgestellt sind, die Videoclips oder Livemitschnitte zeigen. Natürlich tobt sich auch hier ausschließlich die Seniorenriege des Rock 'n' Roll aus, aber es werden zumindest nur solche Bands und Interpreten gezeigt, die am heutigen Abend nicht vor Ort dabei sein können. Die meisten sind, das sehe ich auf einen Blick, wegen akuten mehrjährigen Herzstillstandes verhindert. Endlich auf dem Klo angekommen, trifft mich fast der Schlag. Von wegen, im Alter wird man gesitteter. Zwischen Bierleichen, Bierbechern und Zigarettenqualm suche ich die Lücke an der Pinkelrinne. Ganz hinten kippt gerade jemand um, und so steige ich vorsichtig über den gefallenen Kameraden hinweg und ins Geschäft ein. Während dieses befreienden Vorgangs befällt mich etwas, was der Duden als Déjà-vu-Erlebnis bezeichnet. Der Uringestank, das dumpfe Wummern der Musik im Hintergrund, das Gefasel der besoffenen Idioten neben mir. War ich etwa schon mal bei so einem Oldie-Konzert? Nein, ganz sicher nicht. Doch bevor ich mir das Hirn zermartern kann, wechseln links und rechts meine Pinkelrinnennachbarn. »War doch ganz gut bisher«, sagt einer der neuen über meinen Kopf hinweg. »Jau, aber jetzt geht's erst richtig los. Suzi Quatro und *Sweet*. Das wird geil«, antwortet der andere an meinem Bauch vorbei. Zweimal surrt der Hosenschlitz, und weg sind sie wieder. War ich da eben einer optischen Täuschung erlegen oder hatten die wirklich T-Shirts von *Iron Maiden* an? Ich haste hinterher und sehe sie gerade noch in der Menge verschwinden. Ja, kein Zweifel, zwei echte Metalheads mit Matte und allem, was dazugehört. Kopfschüttelnd folge ich ihnen. Haben auch sie einen altrockenden Onkel, der sie an diesen düsteren Ort verschleppt hat? Dem Gespräch nach zu urteilen nicht, das klang eher so, als wären sie freiwillig hier. Doch bevor ich meine beiden Brüder im Geiste erreiche, erlischt das Hallenlicht, und eine echte Band betritt die Bühne. So mit Musikern, Instrumenten und allem, was dazu gehört. Oho, sollte der Abend vielleicht doch noch eine erfreuliche Wendung nehmen? Nein, denn schon stolziert Suzi Quatro ins grelle Licht der Scheinwerfer, mit fast nichts am Leib außer ihrem beträchtlichen Alter. Das Reich der lebenden Toten erwacht jauchzend, schreiend und brüllend zum Leben. Ob der plötzlich auftretende Modergeruch von dem Bass spielenden Ex-Sternchen auf der Bühne ausgeht oder zu den drei weit über das Mindesthaltbarkeitsdatum hinaus aufbewahrten Damen neben mir gehört, lässt sich nicht abschließend klären. Auf jeden Fall trägt das Schwestern-von-Gestern-Trio in stiller Übereinkunft die gleichen Tour-Shirts von Frau Quatro. »Naked Under Leather« steht drauf. Boah, ist mir schlecht. Hätte in dieser Sekunde nicht der Boden unter meinen Füßen zu beben begonnen, ich hätte das Nackensteak vom Mittagessen wohl nicht wieder mit nach Hause genommen. So aber stellt sich mir ein neues Problem: Seit wann gibt es Erdbeben in Niedersachsen? Und Lawinen? Von rechts schiebt sich nämlich eine solche in mein Blickfeld. Ach nein, es sind nur Onkel Harry und sein Kumpel Walter, die Arm in Arm zum Überhit »Can The Can« durchs Auditorium rumpeln. Ich springe auf die fleischgewordene Kanonenkugel und reite ein wenig mit auf der Welle der seligen Erinnerung, doch schon bald wird die Lawine langsamer und schließlich bleibt sie stehen. Suzi ist fertig, und ich bin es auch. Endet diese Fetenhits-für-den-Zentralfriedhof-Veranstaltung denn nie? Scheint so, denn nun gilt es noch *Sweet* zu ertragen. Die englischen Glam-Rocker nehme ich wie durch einen Schleier wahr. Spielt da wirklich ein Exemplar der extrem seltenen südafrikanischen Dickbauchkröte Gitarre, oder trägt Andy Scott nur einen grünen Bademantel? Auch schon egal, »Ballroom Blitz« verhallt, und der Spuk ist endgültig vorbei. Während Walter nach eigenen Angaben backstage die Quatro klarmacht, schiebe ich Onkel Harry zum Ausgang. Mit Mühe kann ich ihn davon abhalten, die knapp 17-jährige Bedienung vom Getränkestand anzubaggern, denn ich glaube, meine Tante wäre von so einem Mitbringsel nicht übermäßig begeistert. »Das war doch mal echter Rock 'n' Roll«, lallt mir mein dicker Verwandter ins Ohr und verschwindet grußlos in Richtung Bushaltestelle. Kopfschüttelnd blicke ich ihm nach. Das kann doch wohl alles nicht wirklich passiert sein. Ein Haufen abgehalfterter Spinner, von denen jeder einzelne aussieht, als wäre er einem Katalog für Faschingskostüme entsprungen, spielt Melodien, die heutzutage ungefähr so relevant sind wie Michael Schanze für die TV-Programmplaner. Und das alles vor einem Publikum, das nur auf den einen Song wartet, dann kollektiv ausklinkt und sich bis zum nächsten Superhit mit dem Rücken zur Bühne die Kante gibt. Eh schon kaum getätigte Ansagen wie: »Jetzt spielen wir einen Song von unserem neuen Album« werden, wenn sie nicht gänzlich im Stimmengewirr untergehen, mit Buh-Rufen quittiert. Wie entwürdigend. Erleichtert, dieses Geriatrie-Gemetzel überlebt zu haben, mache ich mich auf den Weg zum Auto, als mein Handy klingelt. Bevor Bernie den Mund aufmachen kann, höre ich schon seine Playstation im Hintergrund. »Ey, ich hab gerade im Internet gelesen, wer dieses

Jahr auf dem Wacken Open Air den Headliner macht: *Iron Maiden*. Und jetzt halt dich fest, die spielen nur Songs von ›The Number Of The Beast‹ und ›Piece Of Mind‹. Hab online gleich zwei Karten bestellt.«

»Klasse«, antworte ich, steige in meinen Wagen und pfeife die Melodie von »Run To The Hills«. Die Vorfreude auf das in Aussicht stehende Konzert trägt mich durch die Nacht, und daran kann auch das plötzlich wieder auftretende Déjà-vu-Gefühl nichts ändern.

Bauer Trede, auf ein Wort

Na, das muss ein Gefühl sein, wenn Sie sich heutzutage bei Sonnenaufgang das erste Frühstückspüls in den Rachen schütten, die ollen Lungen rasselnd auf Betriebstemperatur bringen und sich schließlich herzhaft in den Schritt fassen. Vor vielen Jahren, als Sie die Landwirtschaftsgehilfenschule mit durchwachsenen Ergebnissen verlassen haben (Schweinepsychologie 3, Schweine füttern 1, allgemeines Betragen 5), da mussten Sie sich von den Nachbarn belächeln lassen. Die begannen ihre Ausbildung in der freien Wirtschaft, in der Sparkasse oder auf dem Amt. Sie hingegen standen mit ein paar Quadratmetern Brachfläche und dummem Gesicht in der Landschaft herum und guckten den Möwen beim Überfliegen ihrer Stoppelfelder zu. Ein fürchterlicher Zustand. Aber wie macht man aus ein paar verbuddelten Steckrüben Millionen? Sie, Bauer Trede, konnten ja nicht mal Eintopf. Deshalb heirateten Sie vorsorglich eine Frau vom Nachbaracker weg, verglichen sogleich die Brüste derselben mit einem Kuheuter und rühmten sich, auf Dorffesten den Unterschied zwischen den tierischen und menschlichen Drüsen mit verbundenen Augen, nur durch Ihren an Comichelden-Superkräfte erinnernden Tastsinn unterscheiden zu können. Mit anderen Worten, Sie machten sich kräftig zum Affen. Immer der Letzte, der nachts von der Bank kippte, immer der Erste, wenn das Tresenpersonal den Morgentau von den Sonnenschirmen fegte. Seien Sie ehrlich, an sich hatten Sie sich längst damit abgefunden, der König von Wacken zu sein, der dem Bürgermeister auf dem Weihnachtsmarkt bei Bratwurst und warmem Dithmarscher Urtyp mal ordentlich Bescheid gibt, ansonsten aber nicht viel zu melken (beziehungsweise melden) hat. Dann aber traten ein paar langhaarige Jugendliche in Ihr Leben, die Sie bisher nur unter dem

Sammelbegriff »Dorfchaoten« kannten, und wollten Ihren Acker mieten. Für ein Festival. Und mal unter uns Betschwestern: Sie haben nicht mal ansatzweise geahnt, was da auf Sie zukommt. Und Sie wissen es im Grunde bis heute nicht. Denn immer noch markieren Sie den Silberrücken, plustern sich bei jeder sich bietenden Gelegenheit auf wie Jürgen Drews in einem Mädchenpensionat und produzieren so viel gesprochenen Dünnpfiff, dass Sie das dadurch ausgestoßene Methan mit sämtlichen Biogasanlagen dieser Welt nicht ausgleichen könnten. Blöd nur, dass mittlerweile nicht mehr die Dorfältesten, sondern die Kameras von N3, RTL und sogar koreanische Filmemacher vor Ihrer in beeindruckenden Farben schillernden Nase stehen und (in Ausnahmefällen leider sogar wahre) Sätze wie »Menschen sind leichter zu melken als Kühe« in die weite Welt hinaustragen. Inklusive feistem Grinsen und der einen oder anderen Anekdote aus Ihrem ach so bewegten Leben am Rande der Zivilisation. Dabei hatten Sie einfach nur Glück. Pures, unverschämtes Glück. Denn es ist mitnichten so, dass man dem Geld einfach nur entgegengehen muss, weil es ja überall herumläge, wie Sie irgendwann einmal in ein Mikrofon klugscheißerten. Manchmal ist die Welt nämlich noch viel simpler. Man könnte es schematisch so darstellen: Die Expansion der interranen Tuberosa steht in inverser Proportionalität zur intellektuellen Kapazität des kultivierenden Agrarökonoms. Möge Ihre Ernte reichlich sein!

Zimmer frei

Da der Mensch immer fetter und fauler wird, müssen sich Veranstalter von Open Airs schon etwas ausdenken, um es der zahlenden Brut ein bisschen muggeliger zu machen. Sonst hagelt es wieder böse Foreneinträge von Minderjährigen, die die Wörter, die sie da benutzen, eigentlich gar nicht kennen dürften. In Wacken gibt es mittlerweile das Rundumwohlfühlpaket, das unter anderem eine eigene Ausscheidungseinheit (siehe S. 132) und ein unknackbares Schließfach für den Familienschmuck enthält. Alles wie zuhause. Deshalb ist es nur noch eine Frage der Zeit, bis die Veranstalter neben dem bekannten Siloturm eine Bettenburg hochziehen, die selbst die Playa de Palma in den Schatten stellen wird. Zimmer von der Größe einer Fahrstuhlkabine, Wände aus Papier, sich vor dem Schimmel an der Wand in Rettung bringende Tapete und rund um die Uhr genervte Angestellte, die weder Deutsch noch Englisch oder sonst eine bekannte Sprache dieses Planeten sprechen, sind natürlich inklusive. Das gilt allerdings nicht für das Frühstücksbüffet, das preislich zwar in Nobelschuppen-Regionen vordringt, jedoch nur aus einigen vertrockneten Surrogatkäsescheiben, abgepackter Leberwurst (kann Spuren von Pinguinkot und Erdbeeren enthalten) und Kannen mit frisch aufgebrühtem Torfwasser besteht. So weit, so vorhersehbar.

Das Hotel wäre natürlich schon längst gebaut worden, wenn es da nicht das Problem mit der Haupt- und Nebensaison gäbe. In den zwei Wochen vor, während des Festivals und zwei Wochen danach ist im »Hotel Fünf Jahreszeiten« die Hölle los, die Gäste in den Schuhschachtel-Appartements untervermieten ihre Löcher sogar noch. Aber was passiert mit dem Bunker den Rest des Jahres, wenn über dem Acker von Wacken nur der Duft von Kuhkot und der Ruf des Rotkehlchens schweben? Für dieses Problem hat die W:O:A-Chefabteilung eine Kommission eingesetzt, die nach unzähligen Recherchen in echten Luxus-Hotels folgende Vorschläge erarbeiten konnte:

Verlegung aller bundesweiten Jahrestreffen von Hühnerzüchtern, Treckerfetischisten und Gummistiefelproduzenten nach Wacken.

Die Zimmer im »Hotel Fünf Jahreszeiten« sind kühl, feucht und schattig. Die perfekte Umgebung für eine Champignon-Zucht!

Zwangsumsiedlung der »Roten Flora« und ihrer Steine schmeißenden Unterstützer gen Norden. Wenn die auf dem platten Land mal wieder den Aufstand proben, bekommt es niemand mit. Außerdem werden die Touristen in Hamburg nicht mehr gestört.

Durch die zentrale Lage in Europa eignet sich der Bau prima als Auffanglager für politisch Verfolgte und/oder Kriegsgefangene. Je nachdem, was sich Putin, sein Erdogan, Trump und die EU noch so einfallen lassen.

Die Errichtung des ersten und einzigen Wacken-Museums in der Eingangshalle. Gezeigt werden Schnappschüsse von den ersten Festivals, vergilbte Eintrittskarten, ein Bühnen-Schlüpper von Biff Byford unter Glas und Fundstücke, die im Laufe der letzten knapp 30 Jahre aus dem schlammigen Boden des Ackers ausgebuddelt wurden. Vermutlich ist eine eigene Abteilung für Moorleichen notwendig.

Eine dieser Ideen wird sich als praktikabel und vor allem als profitabel herausstellen, was eine umgehende Grundsteinlegung des Hotels zur Folge haben wird. Wer für die Hauptsaison buchen möchte, sollte sich spätestens am Tag der Grundsteinlegung anstellen, die Einzelzimmer werden bereits knapp!

Seemannsgarn

Was kann es für einen Veranstalter Besseres geben als ein Festival, das an einem Platz stattfindet, von dem es kein Entkommen gibt? Eben: nichts. Spielen *J.B.O.* und ihre norwegischen Brüder im Geiste, *Dimmu Borgir*, in einem Flugzeug oder auf einer Insel, hat sich die Spontanflucht erledigt. Gleiches gilt für Veranstaltungen auf einem Schiff. Zugegeben, die Idee, ein paar Bands auf einen Kutter zu verfrachten, um sie dort das machen zu lassen, was an Land niemanden mehr interessiert (hier aber das Zehnfache kostet), stammt ausnahmsweise mal nicht von Bauer Trede und seinem Finanzkombinat. Aber es dauerte natürlich nicht lange, bis die Wacken-Gang das US-Konzept mit dem Namen »Full Metal Cruise« übernahm und seitdem regelmäßig einen Luxuskutter zwischen Malle, Ibiza und anderen Party-Metropolen durchs Mittelmeer oder die Nordsee schippern lässt.

An Bord sind erstaunlicherweise nicht nur jene Kapellen, die ein Dauerabonnement für den härtesten aller Acker besitzen, sondern auch ganz viele Fans. Moment, ergibt das einen Sinn? Erwähnte Bands sind schließlich nicht nur einmal im Jahr in Wacken zu sehen, sondern spielen auch sonst in jeder Mehrzweckhalle zwischen Schnackenburg und Ziegenrück, die nicht schnell genug eine Handarbeitsmesse vorweisen kann. Und das für ein paar Euro. Warum geben Hunderte Metalheads Tausende von Euronen aus, um nur wieder die gleichen Nasen zu sehen? Nur weil ein paar olle Möwen über ihren Köpfen kreisen? Und wo haben sie das Geld eigentlich her? Wirft die eigene Zahnarztpraxis so viel ab, dass neben dem neuen Eigenheim und den drei Luxuskarossen solche überflüssigen Sperenzchen drin sind?

Metal-Kreuzfahrten sind ein schöner Beweis für die These, dass jede Subkultur irgendwann im Mainstream ankommt, wenn sie nicht schon vorher untergeht und in Vergessenheit gerät. Denn die pickligen Jeansjacken-Träger, die anno 1981 auf dem örtlichen Friedhof von Obermoschel Kreuze umschubsten, um *Venom* zu huldigen, werden an alles gedacht haben – nur nicht an einen Luxusliner mit Casino, Theater, Steakhaus, Friseurladen und Cocktailkarte auf dem Sonnendeck, auf dem ihre Bands zur Unterhaltung des im Whirlpool liegenden Metal-Mobs musizieren. Aber wir wollen nicht unfair sein, viele der Fans werden sich die Bordkarte vom Munde abgespart haben und ihren Jahresurlaub investieren, um sich Doro Pesch und Mambo Kurt auf der »Full Metal Cruise« anzusehen. Warum sie das tun, wird allerdings ihr Geheimnis bleiben. Wie hieß es bei Vertragspartner TUI vor ein paar Jahren so schön: Zeit für neue Ziele!

Der frühe Vogel

Kann sich noch jemand an die 1980er-Jahre erinnern? Also an das Zeitalter, das Geschichtsschreiber das »Prä-Wackenium« nennen? Als ein Acker ein verdammter Acker war? Und als man am ersten Augustwochenende problemlos über die A23 nach Büsum fahren konnte, ohne an jedem Parkplatz schwarz ummantelte Gestalten anzutreffen, die einen angrölten, Flyer in die Hand drückten oder ihre Körperausscheidungen in die Landschaft verstreuten? Manche werden es vergessen haben, aber in diesem goldenen Jahrzehnt gab es auch noch kein Internet. Wer also Tickets für eine Großveranstaltung wie einen Auftritt von Phil Collins (ja, heute wirkt das albern), Madonna oder *Modern Talking* ergattern wollte, schnappte sich seinen Schlafsack, eine Flasche mit Amaretto/Cola und fand sich ungeachtet der aktuellen Witterung vor dem Ticketshop oder dem Plattenladen (jüngere Leser bitte googeln) ein. Dort lungerte schon eine Rotte Gleichgesinnter herum, die Nacht wurde mit Fachsimpeleien und dem Genuss widerlich süßer Getränke verbracht. Wenn am nächsten Morgen dann das Geschäft öffnete und das heiß ersehnte Ticket endlich in den ungewaschenen Pfoten klebte, war der coolste Teil des ganzen Unternehmens schon vorbei. Das eigentliche Konzert nahm man als Bonus gerne mit.

Diese Zeiten sind dank des Internets definitiv vorbei. Egal, ob Bayern München gegen den BVB antritt, *Rammstein* in einem maroden Kernkraftwerk aufspielen oder die Wacken-Crew ganz überraschend verkündet, im nächsten Jahr schon wieder ein Open Air zu organisieren, die Tickets sind innerhalb von wenigen Minuten vergriffen. Statt auf dem Bürgersteig zu campen, reicht heutzutage ein Internetanschluss, und die Schlacht der flinksten Finger beginnt. Sicher, auch hier gibt es Tipps und Tricks. Manche koppeln ihren Rechner zum Beispiel an die Atomuhr der Physikalisch Technischen Bundesanstalt in Braunschweig, damit sie auf die tausendstel Sekunde genau zum Vorverkaufsstart im Online-Shop sind. Andere schwören auf absichtliche Verzögerungen beim Bestellvorgang, weil ja alle Deppen pünktlich sind, oder auf den Kauf von ermäßigten Karten, die später kompliziert in normale Tickets umgetauscht werden können. Und wieder andere vertrauen einfach auf ihr Glück. Den meisten gemein ist allerdings, dass sie am Ende leer ausgehen. »Verschwörung!«, brüllen da die ersten, die glauben, 90 Prozent des Kartenkontingents gehen eh an Sponsoren, Verwandte der Beteiligten und die Freimaurer. Tatsächlich dürfte der Run darin begründet liegen, dass niemand mehr seinen Hintern an die frische Luft und in die Fußgängerzone hieven muss, um an Tickets zu kommen. Und da heutzutage ja sogar schon das Kinderzimmer von Chantal und Kevin mit hyperschnellem W-Lan samt Endgeräten versorgt ist, kann die ganze Welt mitbieten. Logisch, dass der Laden brummt.

Doch es gibt eine kleine Rettungsinsel für ehrliche Verbraucher, die weder den Account des Ticketanbieters gehackt haben, noch durch den Hintereingang ins Stadion oder auf das Festivalgelände schleichen wollen: die Tickettauschbörse! Dort stellen Menschen, die jetzt schon wissen, dass sie sich in einem halben Jahr das Bein brechen oder dringende Geschäfte in Bulgarien zu erledigen haben, ihr bereits gekauftes Ticket ein und bekommen dafür ihren Einkaufspreis und maximal eine kleine Aufwandsentschädigung zurück. Das ist natürlich viel weniger als auf dem Schwarzmarkt, dafür aber legal. Sagen die Betreiber der Ticketbörsen. Am Arsch die Räuber, sagen die Schwarzmarkthändler und gehen weiter ihrem Job nach. Aber es scheint immer noch genügend Menschen zu geben, die Fair Play nicht nur für eine Zigarettenmarke halten, denn die Börsen greifen immer weiter um sich. Doch während die Fußballbundesliga noch um die Einführung einer einheitlichen

Börse feilscht, hat Wacken sie längst etabliert. Und zwar auf einem Niveau, das selbst erfahrene Tauschhändler überrascht. Da wird nicht einfach das Ticket zurückgegeben und unter den Bewerbern verlost. Da wird personalisiert, anonymisiert, verifiziert, umgeschrieben, hin und hergeschickt, ein- und wieder ausgetütet, bis das Jobcenter um die Ecke auch garantiert niemanden mehr hat, der für eine leichte Tätigkeit in Frage kommt. Heißa, und was gibt es da für Regeln! Da ist von persönlicher Registrierung die Rede, von Unterseiten, automatischen Statusveränderungen und Datenbankermittlungen. Und gültig ist die Aktion sowieso nur, wenn der Saturn im Haus von Mars steht, der Vollmond scheint und beide Tauschparteien zeitgleich einen Becher Katzenpisse auf ex trinken. Nee, Freunde, dann doch lieber 'nen Amaretto/Cola bei minus acht Grad vor Paulis Plattenkiste. Schön, dass ich das noch erleben durfte.

Alte Geschichten ohne Glanz

Ach, der Sommer 1990! Die Südfrucht erobert das ehemalige Open Air-Lager DDR, die deutsche Nationalmannschaft (noch ohne Unterstützung von »drüben«) bringt in Rom den dicken Koks-Maradonna zum Flennen, die Amis marschieren mal wieder in ein Land ein, von dem sie Wochen zuvor nicht mal ahnten, dass es existiert, ein gewisser Thomas Goletz stürzt große Teile der Welt in eine Depression, indem er die »Diddl-Maus« erfindet, in Palermo erblickt ein gewisser Mario Balotelli in einem mit Gold ausgekleideten Lamborghini das Licht der Welt und überlegt sogleich, wie er einen gewissen Philipp Lahm demütigen kann. Stevie Ray Vaughn besteigt zum letzten Mal in seinem Leben einen Hubschrauber, und Rudolph Moshammer liest am Frühstückstisch über den mysteriösen Mord an Walter Sedlmayr und schwört sich, dass ihm so etwas ganz sicher nie passieren wird.
Ein ganzes Stück weiter nördlich kümmern sich zwei flaumbärtige Halunken nicht weiter um den Lauf der Welt, sie haben Wichtigeres vor. In ihrem Heimatdorf, nicht mehr als eine Ansammlung von halb verwilderten Kühen und Traktoren, soll ein Rock-Festival stattfinden. Der örtliche Mofa-Club darf zum Behuf des gemeinschaftlichen Alkoholmissbrauchs einmal im Jahr die Kiesgrube am Rande eines Ackers nutzen, das wollen die beiden Rockmusik-Fans auch. Und sie dürfen. Wahrscheinlich, weil es nicht mal eine Gemeindeverwaltung gibt, die das verbieten könnte. Mit ein paar Kollegen aus der Nachbarschaft werden Generatoren, Anhänger und Bratwürste organisiert, auf dem platten Land bekanntlich die drei Dinge, die in jeder Garage vorhanden sind. Dann geht es an die Buchung der Bands, die zum Tanze aufspielen sollen. Weil ei-

ner der beiden Ideengeber Bassist bei einer Coverband namens *Skyline* ist, übernimmt selbige gleich die Headliner-Position am Freitag, weil da die meisten Kumpels (nur aus denen setzt sich das Publikum zusammen) an der Bar richtig Gas geben und sowieso egal ist, wer im Hintergrund lärmt. Als weiteres Highlight verspricht die von damals erhaltene Anzeige eine »Rockin' Disc Show«, was wohl so viel wie Metal-Disco heißen soll. CDs sind anno 1990 noch etwas Besonderes, weshalb hier explizit darauf hingewiesen wird, dass das neue, futuristische Medium genutzt wird. Wie praktisch, dass sich der zweite Partyplaner als Scheibendreher verdingt, das Unterhaltungsprogramm mithin quasi ein Selbstläufer ist.

Der Samstag steht im Zeichen der regionalen Hausmusik, auf der Bühne finden sich solche GEMA-Giganten wie *Sacret Season* (sollte sicher *Sacred Season* heißen, ist aber auch wurscht), *Wizzard* (nicht zu verwechseln mit den gleichnamigen Finnen, die zumindest minimale Bekanntheit erlangten), *Motoslug* (was auch immer), *Axe 'n Sex* (die sechs Jahre nach ihrem Wacken-Debüt immerhin eine EP aufnahmen und sich dann sofort auflösten) oder *5th Avenue*, die 1994 ihr Debütalbum in Los Angeles (bei San Francisco) einspielten und bis heute darauf warten, von irgendwem entdeckt zu werden. Man darf also mit Recht davon sprechen, dass das erste Wacken Open Air, für das zwölf Deutschmark Eintritt genommen wurden, als Sprungbrett, wenn nicht gar als Fünf-Meter-Turm, für angehende Superstars in die Geschichte einging. Leider fehlte das Wasser im Becken ...

Auch das nächste Jahr läuft noch unter dem Motto: von Fans, mit Fans, für Fans. Combos wie *Kilgore* (eine Demo-Veröffentlichung im gleichen Jahr, dann Auflösung) oder *Life Artist* (ein Album im Jahr danach, dann Auflösung) sind außerhalb des Neubaugebiets, wo sie mit ihren Eltern hausen, unbekannt. Die *Shanghai'd Guts* gelten für fünf Minuten als Deutschlands Antwort auf *Guns 'n' Roses* (aber wirklich nur fünf Minuten), und warum sich die geschätzten Amis von *Gypsy Kyss* in die

Kiesgrube jenseits des Fischstäbchen-Äquators verlaufen haben, weiß heute kein Mensch mehr.

Dafür bleiben die Preise stabil, was sich erst im darauffolgenden Jahr ändert. Denn 1992 machen *Saxon* ihre Aufwartung. Nicht dass 1992 noch irgendein Hahn nach Biff und seiner Altherrentruppe gekräht hätte. Das just veröffentlichte Album »Forever Free« interessiert nur noch ein paar Spezialisten, letztlich ist sich jeder einig, dass die Band demnächst in den wohlverdienten Ruhestand gehen wird. Aber auf dem offiziellen Wacken-Plakat prangt der Schriftzug der britischen Untoten in Übergröße, während Spitzenbands wie *Eddie E.* (?), *Dr. Hörp* (??) oder *Blind Guardian* (nie gehört) nur ganz am Rande oder überhaupt nicht erwähnt werden. Dafür hat sich der Eintrittspreis mehr als verdoppelt. Und noch eine liebgewonnene Wacken-Tradition wird in diesem Jahr geboren: das umweltfreundliche Line-up-Recycling. Mit *Motoslug*, *5th Avenue* und *Axe 'n Sex* stehen gleich drei Wiederholungstäter auf der Bühne, die auch noch zufällig in der erweiterten Gegend um Wacken wohnen. Heute würde man von CO_2-neutralen Verpflichtungen sprechen, für die es wahrscheinlich sogar staatliche Fördermittel vom Umweltministerium gibt.

Der Rest der Geschichte ist schnell erzählt: Wacken wird immer größer, die Schulden der Veranstalter auch, bis im Jahr 1996 vier schlecht tätowierte Feen aus Frankfurt am Main erscheinen und dem Ort und seinem Bruttosozialprodukt dermaßen in den Arsch treten, dass es bis heute oben rausflutscht. Und wenn sie nicht gestorben sind ... Manche Märchen haben wirklich ein seltsames Ende.

Jugend forscht

Die Vergreisung auf den Metal-Bühnen dieser Welt schreitet weiter in erschreckendem Maße voran. Und das nicht nur auf den Headliner-Positionen. Im Frühjahr weiß man schon nicht mehr, wer im Sommer noch in der Lage sein wird, auf der Bühne zu stehen. Aber auch im Publikum greifen die Halbglatze, der Krähenfuß und die Rheumadecke um sich wie weiland die Pest in Europa. Deshalb ist es dringend erforderlich, junges Blut in den Organismus zu pumpen. Und wer sollte sich im Geschäft der Blutwäsche besser auskennen als die Wacken-Crew?

Im Jahr 2014 veranstaltet das W:O:A erstmals das »Wacken Music Camp«. Zwar wissen die Veranstalter selbst nicht, ob sie »Musik« mit »c« oder »k« schreiben sollen, beide Varianten tauchen auf den offiziellen Seiten auf. Aber das ist ja egal, schließlich geht es hier um Inhalte. Und die richten sich an pickelige, unsichere, von Hormonschüben durchgeschüttelte Wahnsinnige, sprich Teenager im Alter zwischen 13 und 17 Jahren. Ziel dieser Veranstaltung soll es angeblich sein, dass sich die Clerasil-Konsumenten unter Anleitung »nicht ausgelasteter Profimusiker« (im Volksmund: Obdachlose) und anderer Szene-Kenner ein Instrument wählen und dann einen Song zusammenstümpern. Doch damit des akustischen Waterboardings nicht genug, zum Abschluss kriegt der Nachwuchs-Malmsteen (wahlweise Dickinson, Steve DiGiorgio, Dave Lombardo) eine Bühne hingestellt und darf den Erguss seiner Mühen präsentieren. Hoffentlich nur den Mitgliedern anderer Teilnehmergruppen und den Eltern. Schulaufführung in Kutte 2.0. Übernachtet wird natürlich im Zelt, und zwar nicht irgendwo, sondern in der originalen Wacken-Kuhle. Dort, wo alles begann, und wo heutzutage Anfang August für ein paar

Tage der Nobel-VIP-Bereich beherbergt ist, sieht es den Rest des Jahres aus wie in jeder anderen Kuhle Norddeutschlands. Aber es geht ja um den Spirit, der hier im Boden versickert ist und nun durch die Schlafsäcke in die Pubertierenden eindringen soll, bis sie vor lauter skelettierter Büffelköpfe nicht mehr wissen, wer Ronnie James Dio war. Aber das wissen die allermeisten 13-Jährigen von heute leider eh nicht.
Damit das verwöhnte Smartphone-, Xbox- und Playstation-Volk während der Musizierpausen nicht in völlige Lethargie versinkt, werden weitere Freizeitaktivitäten angeboten. Im Hochseilklettergarten oder auf Kanutour werden die Probanten mit Dingen konfrontiert, die sie vorher nur aus dem Internet kannten (Wasser, Wind etc.), während im nahegelegenen »Steinzeitpark« die Kultur zu ihrem Recht kommt. Hier werden Exponate ausgestellt, die tief im Wacken-Boden versunken waren und nur mit größter Mühe von Bauer Trede und seinem Klappspaten ans Tageslicht befördert wurden. Wer einmal eine Stunde lang durch einen Kulturtempel gelatscht ist, in dem nichts anderes als Kronkorken mittlerweile untergegangener Brauereien, halb verweste Unterhosen, angesabberte Zigarrenstummel und gebrauchte Ohropax-Stöpsel ausgestellt sind, wird sich das nächste Mal im Naturkundemuseum kaum mehr einkriegen. Perfide Taktik, und natürlich dient das gesamte Camp einem ganz anderen Zweck, als ein paar Schüler zu bespaßen. Hier werden die Ticketkäufer von morgen herangezogen, die in wenigen Jahren den Acker bevölkern sollen. Wer dann auf der Bühne steht, ist, wie heute auch schon, vollkommen egal. Und wenn *Frei.Wild* mit Helene Fischer und Matthias Reim im Gepäck anrücken: Hauptsache die Finger zur Pommesgabel verrenkt und »Waaaacköööön« in die nächste Kamera gebölkt. Ist Gehirnwäsche unter Minderjährigen eigentlich ein Straftatbestand? Oder muss im Vorfeld eine entsprechende Menge von der grauen Masse nachgewiesen werden? Egal, viel Spaß in der Kuhle!

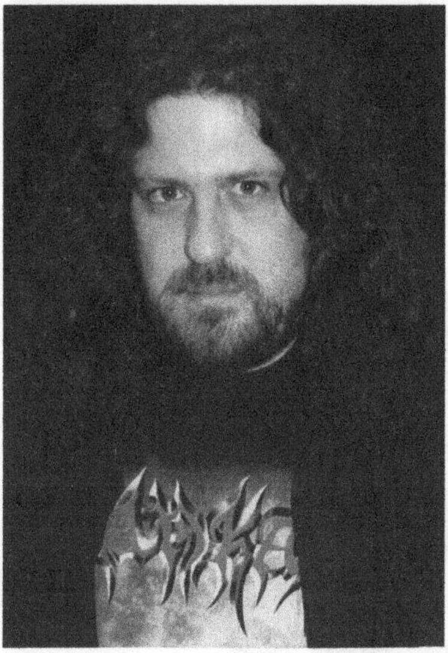

TILL BURGWÄCHTER, Jahrgang 1975, wohnt in Braunschweig. Von dort aus fährt er manchmal zu Festivals und manchmal eher nicht. Er ist ja auch schon etwas älter.

Frank Schäfer

Heavy Kraut

Wie der Metal nach Deutschland kam

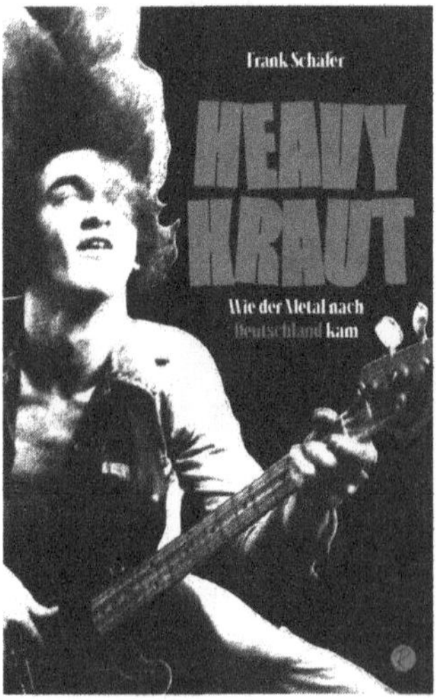

Im Spannungsfeld zwischen Krautrock und den harten Bands aus England, treiben Birth Control, Lucifer's Friend, (Black) Mass, Scorpions, Fargo, Franz K., Jutta Weinhold, Bastard und Accept unermüdlich ihre Karrieren voran und formen so einen charakteristisch deutschen Traditionsstrang der Hardrock-Geschichte aus, der schließlich auch international Wertschätzung erfährt.

Frank Schäfer hat die damals Beteiligten zum Reden gebracht und ihre Geschichten zu einer spannenden Oral History der harten, lauten Siebziger und ganz frühen Achtziger montiert. Diese erzählt anekdotisch, komisch, aus erster Hand von der Genese, der Vor- und Frühgeschichte des German Metal.

ISBN 978-3-910335-72-1, 304 Seiten, Hardcover

www.verlag-reiffer.de